QUESTÕES DE CONCURSO

Comentários a questões de concursos para a Magistratura e Ministério Público do Trabalho

VOLUME 4

ANA PAULA ALVARENGA MARTINS
CARLOS EDUARDO OLIVEIRA DIAS
Juízes do Trabalho da 15ª Região

QUESTÕES DE CONCURSO

Comentários a questões de concursos para a Magistratura e Ministério Público do Trabalho

VOLUME 4

EDITORA
LTr®
SÃO PAULO

Dados Internacionais de Catalogação na Publicação (CIP)
(Câmara Brasileira do Livro, SP, Brasil)

Martins, Ana Paula Alvarenga

Questões de concurso : comentários a questões de concursos para a magistratura e ministério público do trabalho, volume 4 / Ana Paula Alvarenga Martins, Carlos Eduardo Oliveira Dias. — São Paulo : LTr, 2008.

Bibliografia.

ISBN 978-85-361-1187-2

1. Juízes trabalhistas — Concursos — Exames, questões etc. — Comentários 2. Justiça do trabalho — Brasil 3. Magistratura — Concursos — Exames, questões etc. — Comentários 4. Ministério Público — Concursos — Exames, questões etc. — Comentários I. Dias, Carlos Eduardo Oliveira. II. Título.

08-05932 CDU-347.962:347.963:331(81)(079)

Índices para catálogo sistemático:

1. Concursos : Questões comentadas :
Magistratura trabalhista : Direito : Brasil
347.962:347.963:331(81)(079)

2. Concursos : Questões comentadas :
Ministério Público do Trabalho : Direito :
Brasil 347.962:347.963:331(81)(079)

LTr

EDITORA LTDA.

Rua Apa, 165 — CEP 01201-904 — Fone (11) 3826-2788 — Fax (11) 3826-9180
São Paulo, SP — Brasil — www.ltr.com.br

LTr 3686.5 **Julho, 2008**

ÍNDICE

APRESENTAÇÃO

Há alguns anos temos prestado auxílio a candidatos em concursos públicos para a Magistratura e para o Ministério Público do Trabalho, seja em aulas realizadas em cursos preparatórios, seja em orientações pessoais ou realizadas em grupos de estudos. Nessa atividade, invariavelmente nossos orientandos nos solicitam que comentemos questões de provas dissertativas já realizadas, tanto para que possam identificar similitudes com suas próprias respostas, como também para subsidiar novos estudos. Esses comentários são sempre feitos tendo como foco aquilo que imaginamos que deveria ser abordado pelo candidato na resposta, o que resulta em um estudo amplo e o mais completo possível de cada instituto abordado na prova. O comentário feito, pois, revela um paradigma importante para se compreender os diversos temas exigidos em cada prova.

Com isso, já analisamos mais de uma centena de questões, de concursos realizados desde 1998, e a utilidade que vimos no resultado desse trabalho nos estimulou a organizá-las de forma a permitir sua publicação em pequenos opúsculos, como o que ora apresentamos.

Assim, nossa proposta neste trabalho é oferecer, em diversos volumes, uma seleção das questões que entendemos mais importantes e interessantes, dentre todas as que até o momento avaliamos e comentamos. Para tanto, procuramos identificar naquelas questões que já possuímos as que tenham maior repercussão no universo dos candidatos em concurso. Como esse trabalho foi sendo desenvolvido no curso dos anos, optamos por questões que ainda denotam relevância, deixando de lado aquelas que, por razões das mais diversas, deixaram de ter tanto interesse, ou ainda as que foram descontextualizadas por mudanças legislativas ou de orientações predominantes na jurisprudência. De outra parte, a despeito de encontrarmos questões interdisciplinares, ou seja, que abordam mais de uma disciplina em seu bojo, optamos pela fidelidade à classificação usada na própria prova, pela respectiva comissão organizadora.

Revelamos, outrossim, que cada problema apresentado exige uma perspectiva crítica, e sobre vários temas reconhecemos que há um tanto de subjetivismo imanente na resposta — mesmo porque apontamos, conforme o caso, nosso posicionamento pessoal a seu respeito. No entanto, focando os objetivos que buscamos nas respostas, sempre apontamos uma perspectiva ampla, envolvendo inclusive os entendimentos predominantes e consolidados, para tornar mais completa possível a resposta ao candidato.

Pela própria dinâmica do trabalho, preferimos apresentar apenas algumas questões em cada volume, o que nos permite manter o trabalho em constante atualização, pois cada concurso realizado possibilita o acréscimo de novos temas a serem comentados.

Por outro lado, consideramos o universo das disciplinas exigidas nas provas dissertativas dos concursos, de modo que sempre apresentamos algumas questões de cada uma delas, divididas de forma temática.

Conforme já exposto, nossa expectativa é de que esses opúsculos possam servir de fonte de estudos, especialmente para os que estão prestando ou pretendem prestar concursos para carreiras jurídicas trabalhistas, mas também podem ser usados para todos os que quiserem se defrontar com temas relevantes, polêmicos e palpitantes.

Os autores

DIREITO DO TRABALHO

1) Em face do princípio da autonomia sindical, pode-se dizer que ainda prevalece a limitação prevista no art. 522 da CLT?

Nos termos do art. 8º, I, da Constituição Federal, é vedado ao Poder Público exercer qualquer tipo de interferência ou intervenção nas organizações sindicais, ressalvando-se apenas a necessidade de seu registro no órgão competente. Essa disposição positiva o princípio da autonomia sindical, que garante às organizações associativas e sindicais a atuação sem qualquer interferência estatal, concedendo-se-lhes a liberdade de realizar sua estruturação interna, inclusive com elaboração de seus estatutos, e ainda de manter livre atuação externa, totalmente desvinculado dos controles administrativos do Estado. O mesmo princípio assegura, ainda, a liberdade de sustentação econômico-financeira das entidades sindicais, como medida essencial para lhe garantir a independência de atuação, a fim de cumprir seu papel institucional.

Esse princípio está consagrado na Convenção n. 87 da OIT, em seu art. 3º, item 1, que diz que "as organizações de trabalhadores e de empregadores têm o direito de redigir seus estatutos e regulamentos administrativos, o de eleger livremente seus representantes, o de organizar sua administração e suas atividades e o de formular seu programa de ação". Da mesma forma, o item 2 do mesmo artigo referenda a idéia de não-intervenção das autoridades públicas que tendam a limitar esses direitos.(1) Por isso é que qualquer dissolução de entidades sindicais ou intervenção em sua gestão só poderá ser feita judicialmente, sendo inadmissível, em sistemas democráticos, falar-se em dissolução por ato administrativo.

Nesse contexto, não vemos como se pode reconhecer a subsistência de um dispositivo como esse, formatado em um sistema corporativo, em que a interferência estatal era a regra, pautando

---

(1) A Convenção n. 87 da OIT não foi ratificada pelo Brasil.

desde a criação das entidades sindicais e todo o desenvolvimento de suas atividades, permitindo intervenção e dissolução administrativa nos sindicatos. Por certo que, dentro de um sistema gestado sob o modelo corporativo, haveria toda lógica em se estabelecer previamente o número mínimo e o número máximo de dirigentes para o sindicato, mesmo porque essa composição teria de ser previamente admitida pelo Ministério do Trabalho.

No entanto, na ordem constitucional vigente, não só o texto expresso do inciso I do art. 8º da CF, como o próprio princípio do qual ele resulta deixam evidentes a sua incompatibilidade com a redação do art. 522 da CLT, pelo que é latente sua inconstitucionalidade, o que mereceria o reconhecimento de sua ineficácia, devido à não-recepção. Todavia, não é esse o entendimento dos Tribunais Superiores. O TST, no item II de sua Súmula n. 369, diz que "(...) II — O art. 522 da CLT, que limita a sete o número de dirigentes sindicais, foi recepcionado pela Constituição Federal de 1988".[2] Mesmo entendimento tem o Supremo Tribunal Federal: "O art. 522, CLT, que estabelece número de dirigentes sindicais, foi recebido pela CF/88, art. 8º, I".[3]

Como vimos, uma análise normativo-axiológica da questão leva a conclusão distinta. Mas o fato é que o elemento essencial levado em consideração pelas Cortes Superiores, e seguido por boa parte dos magistrados de primeiro e segundo graus tem uma vertente político-econômica. É que, como se sabe, os dirigentes sindicais possuem garantia de emprego, nos termos do art. 8º, VIII, da CF. E esse tipo de mecanismo limitador do direito de dispensa do empregador carrega consigo uma carga ideológica muito intensa, sendo corriqueiramente considerado um gravame por demais oneroso para a atividade empresarial. Não por acaso, o art. 7º, I, da CF/88 ainda padece de regulamentação, e a Convenção n. 158 da OIT foi ratificada e logo denunciada pelo Brasil, mas mesmo durante sua curta vigência entendeu-se pela inaplicabilidade de suas disposições.

Com esse fundamento, entende-se que o reconhecimento da possibilidade de um sindicato estipular livremente o número de seus dirigentes acarretaria a garantia de emprego a um número ilimitado

(2) Ex-OJ n. 266 da SBDI-1, inserida em 27.9.02.

(3) RE n. 193.345, Rel. Min. Carlos Velloso, julgamento em 13.4.99, DJ de 28.5.99.

de trabalhadores, invabilizando a atividade empresarial. Por isso, utiliza-se o referencial legal em que pese, a nosso ver, que isso ofenda literalmente o texto constitucional.

De notar-se que um elemento adicional a essa tese é a possibilidade de haver *abuso de direito* por parte das entidades sindicais, o que reforça a necessidade da regulação estabelecida pelo TST e pelo STF. Embora seja esse o pensamento dominante, com ele não concordamos, como dito, seja pela diretriz normativa-axiológica, seja pelos demais fundamentos utilizados. Afinal, o abuso de direito só pode ser configurado a partir do seu efetivo exercício, não se podendo afirmá-lo de maneira apriorística. Não cabe à lei e muito menos ao seu aplicador estabelecer critérios prévios de caracterização do abuso de direito, pois isso só ocorre quando o direito é exercido. Dessa forma, se em determinada situação houver a estipulação de um número de dirigentes sindicais tido como excessivo, cabe ao interessado e mesmo ao Ministério Público realizar a devida provocação jurisdicional para que, no caso concreto, seja avaliado o abuso de direito e, se necessário, sejam tomadas as medidas para sua adequação.

Outrossim, vê-se que a validade abstrata da norma pode produzir situações de absoluta iniqüidade, dizimando o conceito substancial de outro princípio constitucional: o da igualdade. Afinal, em uma situação de plena diversidade econômica e populacional como vemos no Brasil, qualquer sindicato, de qualquer categoria e em qualquer localidade, vê-se obrigado a ter o mesmo número de dirigentes, sem importar a dimensão de sua representatividade política ou econômica. Trata-se de uma completa subversão da lógica da isonomia, cujo pressuposto é o trato diferenciado de situações diferenciadas, em um sentido que a doutrina nomina de *conceito substancial de igualdade*.

Uma medida de concertação dessa situação tem-se visto em alguns julgados: a fim de cumprir a diretriz da jurisprudência superior, alguns magistrados têm reconhecido a vigência do art. 522 da CLT, mas apenas para limitar o número de dirigentes assegurados com a garantia de emprego. Assim, por essa teoria, o sindicato tem liberdade para fixar o número de dirigentes que pretender, de forma consonante com sua autonomia organizativa. No entanto, a garantia de emprego somente abrange os que estariam descritos na norma em comento.

Com o devido acatamento aos que assim defendem, vemos nisso uma ampliação da impropriedade no trato do tema. Afinal, dirigente sindical sem garantia de emprego é algo que pouco vale para fins de legítima representação, visto que, no caso dos trabalhadores, esse direito fundamental existe justamente para assegurar a independência e a livre atuação na defesa dos interesses coletivos. Ademais, a norma constitucional que estabelece a garantia de emprego aos dirigentes sindicais não traz qualquer ressalva ou limitação quanto ao seu alcance. Além disso, cria-se, a partir dessa interpretação, uma dificuldade de ordem prática, porque no mais das vezes não existem meios para se definir quais os dirigentes estariam protegidos pela garantia no art. 8º, VIII, da CF/88. Dessa forma, se uma entidade sindical tiver 40 dirigentes, conforme seus estatutos, qual seria o critério a ser utilizado para que se identificassem aqueles protegidos pela garantia de emprego, respeitada a diretriz do art. 522 da CLT? Mais uma vez temos afetado o princípio da autonomia sindical, eis que essa análise fica confiada ao empregador ou ao juiz do trabalho, ao apreciar um caso concreto, que passa a utilizar critérios arbitrariamente eleitos por ele para interferir na organização de uma entidade sindical independente.

Esses pontos é que nos convencem de que a posição majoritariamente adotada pela jurisprudência merece ser revista, reconhecendo-se a inconstitucionalidade do art. 522 da CLT.

2) Quais os efeitos do acordo celebrado entre empregado e empregador perante a Comissão de Conciliação Prévia?

As Comissões de Conciliação Prévia foram inseridas no mundo jurídico pela Lei n. 9.958/2000, que acrescentou à CLT o Título VI-A, adicionando oito artigos à Consolidação, todos tratando das chamadas Comissões de Conciliação Prévia. Diante do regramento estabelecido pelo texto, tanto as empresas como os sindicatos podem criar comissões paritárias com o intuito de resolver os conflitos individuais de trabalho sem que haja necessidade de ingresso com ação judicial para esse fim, permitindo-se que sejam feitas também em caráter intersindical ou por grupo de empresas (art. 625-A e seu parágrafo único). A própria CLT também fixa que, em se tratando de Comissão instituída pela empresa, deverá ter entre dois e dez membros titulares, além um suplente para cada um, sendo metade indicada pelo próprio empregador e a outra metade dos membros eleita pelos trabalhadores, mediante fiscalização sindical (art. 625-B). Os membros da Comissão têm mandato de um ano e podem ser reconduzidos uma vez, sendo que os representantes dos trabalhadores gozam de garantia de emprego desde a eleição até um ano após o final do mandato, salvo se cometerem falta grave (art. 625-B, § 1º). Já quanto às Comissões instituídas por sindicatos, estas terão sua constituição e suas normas de funcionamento definidas em convenção ou acordo coletivo, nos termos do art. 625-C da CLT.

Conforme estabelece o art. 625-D da CLT, qualquer demanda trabalhista deverá ser submetida à Comissão de Conciliação Prévia, se essa tiver sido instituída pela empresa ou pelo sindicato de sua categoria, na localidade em que ele presta serviços. No caso de existirem, simultaneamente, Comissão sindical e da empresa, cabe ao trabalhador fazer a opção por aquela que entender conveniente (§ 4º do art. 625-D). E, segundo o art. 625-H, essas mesmas diretrizes se aplicam aos Núcleos Intersindicais de Conciliação, inclusive os anteriormente existentes, desde que observados os preceitos de paridade e de negociação coletiva para sua constituição.

Desde a publicação da Lei n. 9.958/2000, inúmeras discussões surgiram sobre o desenvolvimento regular dessas Comissões, sobre sua legitimidade enquanto instituição capaz de reduzir as demandas trabalhistas e, sobretudo, sobre a sua constitucionalidade, sendo este último o ponto principal de debate desde então formado, especialmente no que toca à suposta exigência de passagem pelas comissões como *requisito da propositura da ação judicial*, o que estaria a ofender a garantia constitucional de inderrogabilidade da apreciação judicial de qualquer conflito. Entretanto, não é esse o entendimento que tem prevalecido. Não são poucos os que defendem a criação de sistemas de autocomposição de conflitos individuais de trabalho que possam, acima de tudo, evitar o excesso de demandas que se apresentam à Justiça do Trabalho. Por sua natureza, os conflitos trabalhistas têm uma característica diferenciada dos demais conflitos privados, o que até motivou a criação de uma Justiça Especializada para dirimi-los. E desde sua origem, tem-se evidente que, nas relações de trabalho, as melhores soluções podem ser as negociadas pelos próprios atores sociais, sem a intermediação. Daí decorre a evolução do direito coletivo no sentido de sempre priorizar a solução autônoma dos conflitos, relegando a intervenção jurisdicional a um plano secundário, o que faz com que alguns defendam até a extinção desse poder intervencionista — o chamado Poder Normativo, previsto no art. 114 da CF/88.

O que causa dúvida é se saber porque o regime de autocomposição pode vigorar em matéria coletiva, assegurando-se alguns atributos fundamentais do trabalhador — o que é consagrado pelo texto constitucional desde 1988 —, mas não poderia ser utilizado no âmbito individual, já que essa prática de negociações de conflitos individuais trabalhistas já existe em outros países.[4] Nesse contexto, cumpre considerar que a tendência na jurisprudência, ao menos oriunda do Tribunal Superior do Trabalho, é a de não reconhecer qualquer inconstitucionalidade na matéria. No entanto, foram ajuizadas três Ações Diretas de Inconstitucionalidade, duas das quais ainda se encontram pendentes de apreciação no STF, todas originariamente distribuídas ao Min. Octávio Galotti.[5] Todas elas, em síntese, questionam justamente o dispositivo da lei que determina a provocação prévia da CCP, caso exista no âmbito sindical ou da empresa, por confrontar-se com o inciso XXXV do art. 5º da CF/88. Até o momento da suspensão da apreciação da liminar, o STF havia decidido, por maioria, vencido o Ministro Marco Aurélio, não conhecer da ação direta no que toca ao art. 1º da Lei n. 9.958/2000, no ponto que introduziu na CLT o parágrafo único do art. 625-E, e, por unanimidade, indeferiu a medida liminar no que toca ao art. 1º da Lei n. 9.957/2000, no ponto em que introduziu na CLT o inciso II do art. 852-B. Em seguida, após o voto do Ministro Octavio Gallotti, indeferindo a cautelar, o Ministro Marco Aurélio votou pelo seu deferimento parcial, referentemente ao art. 625-D, introduzido pelo art. 1º da Lei n. 9.958/2000.

Após essas manifestações, em junho de 2000, o Ministro Sepúlveda Pertence pediu vista das ações remanescentes, proferindo seu voto em agosto de 2007. Nessa ocasião, acompanhou a diver-

---

(4) Mauro Capeletti, em sua clássica obra *Acesso à justiça,* já ponderava na utilidade das *formas alternativas de composição dos conflitos,* como decorrência da *terceira onda de reformas no processo.*

(5) São as ADIns de ns. 2.139-7, 2.148-6 e 2.160-6, movidas, respectivamente, pelos partidos PC do B, PSB, PT e PDT, pela Confederação Nacional dos Trabalhadores no Comércio e pela Confederação Nacional dos Trabalhadores na Educação, sendo que a ADIn n. 2.148 foi extinta, sem apreciação do mérito, pela falta de regularização da representação, em setembro de 2000.

gência iniciada pelo Ministro Marco Aurélio — deferindo parcialmente a cautelar —, sendo acompanhado pelos votos da Ministra Cármen Lúcia e dos Ministros Ricardo Lewandowski e Eros Grau, mas o julgamento foi novamente suspenso, com pedido de vista dos autos pelo Ministro Joaquim Barbosa, que ainda não restituiu os autos à pauta.(6) Assim, não há como saber ainda qual será a interpretação definitiva do STF a respeito, sobretudo em face da recente modificação de sua composição.

Assim, e pelo menos até apreciação final do STF, o entendimento predominante tem considerado que a estipulação de uma instância negocial prévia, como condição para o exercício da ação, não fere o preceito constitucional, posto que não veda nem proíbe ao cidadão a reivindicação perante o Poder Judiciário: somente cria um requisito a mais para que ele possa exercer esse direito. Com tal diretriz, o Supremo Tribunal Federal, por maioria de votos, julgou um recurso em processo de homologação de Sentença Estrangeira (SE n. 5.206), considerando constitucional a Lei de Arbitragem (Lei n. 9.307/96), que permite que as partes possam escolher um árbitro para solucionar litígios sobre direitos patrimoniais, sem a necessidade de o laudo arbitral resultante desse acordo ser homologado por uma autoridade judicial (decisão de 12 de dezembro de 2001). Esse caso é considerado "piloto" sobre a matéria (*leading case*), pois foi a primeira decisão nesse sentido proferida pela Corte Superior, e nela observa-se apreciação incidente no sentido de que inexiste vício de inconstitucionalidade na norma, pelo fato dela restringir o direito de ação, em casos em que existe a convenção de arbitragem.(7)

Em outro sentido, o STF decidiu, em sede de Recurso Extraordinário, que "não ofende o art. 5º, XXXV, da CF ('a lei não excluirá da

(6) Informações colhidas no *website* do STF <www.stf.gov.br>.

(7) Trata-se do caso de uma empresa, de origem estrangeira, que pretendia homologar um laudo de sentença arbitral dada na Espanha, para que tivesse efeitos no Brasil. A princípio, o pedido havia sido indeferido, mas com a promulgação da Lei n. 9.307, em 1996, foi suscitado que ela dispensaria a homologação desse laudo na justiça do país de origem. Durante o julgamento do recurso, o ministro Moreira Alves levantou a questão da constitucionalidade da nova lei e, apesar de todos os ministros terem votado pelo deferimento do recurso, houve discordância quanto ao incidente de inconstitucionalidade. Sepúlveda Pertence, o relator do recurso, bem como Sydney Sanches, Néri da Silveira e Moreira Alves entenderam que a lei de arbitragem, em alguns de seus dispositivos, dificulta o acesso ao Judiciário, direito fundamental previsto pelo art. 5º, XXXV, da CF/88. Contudo, não foi esta a tese prevalecente, entendendo a maioria dos Ministros pela constitucionalidade da lei e, conseqüentemente, do instituto da arbitragem.

apreciação do Poder Judiciário lesão ou ameaça a direito'), decisão que, sem exigir o exaurimento da via administrativa, julga extinta, por falta de interesse de agir (CPC, art. 267, VI), ação acidentária que não foi precedida de comunicação ao INSS".[8]

Temos, assim, no caso citado, um evidente condicionamento ao exercício do direito de ação, sendo que o requisito exigido é o exaurimento da via administrativa. Não se cogita, a rigor, da inconstitucionalidade dos dispositivos que o trazem, e eles justamente estariam no mesmo plano restritivo que se encontra a fixação das Comissões de Conciliação Prévia, ou seja, meros condicionantes do plano processual do direito de ação.

No entanto, apesar de não vermos inconstitucionalidade formal no instituto das Comissões de Conciliação Prévia, entendemos que o formato utilizado é inviável do ponto de vista sócio-jurídico. Se é verdadeiro que a autocomposição é um preceito que deve ser estimulado, não menos correto é afirmar-se que isso só tem eficácia se decorrer da vontade autônoma dos atores sociais envolvidos nas relações de trabalho. Afigura-se flagrantemente equivocado instituir-se, no âmbito legislativo, um elemento condicionador do exercício da ação trabalhista, como pressuposto para o ajuizamento da ação. Isso só seria justificável se admitido pela via da negociação coletiva, e ainda como mera opção ao trabalhador — nunca como um condicionamento capaz de tolher seu direito de ação. Afinal, a tentativa negocial pressupõe mútuo interesse na solução amigável do conflito, de modo que somente pode haver a instituição de uma instância conciliatória prévia se o primordial interesse do trabalhador for o de tentar uma composição amigável. Não pode, todavia, servir de substituto para o exercício da ação e muito menos como condição para tanto, mesmo porque os objetivos são distintos: nas Comissões de Conciliação Prévia, somente é possível a solução do conflito mediante um acordo mútuo, enquanto na Justiça o que o trabalhador obtém é um provimento de cunho jurisdicional.

Sendo assim, como ninguém está obrigado a submeter-se a acordos extrajudiciais, não consideramos que a instituição de Comissões de Conciliação Prévia configura condição da ação ou pressuposto processual para o ajuizamento da ação trabalhista. É, como

(8) Agravo em RE n. 144.840/SP, Rel. Min. Moreira Alves, 2.4.96, conforme Informativo do STF n. 25, de março/abril de 1996, disponível em <www.stf.gov.br>.

deve ser, meramente uma via passível de eleição pelo trabalhador, caso pretenda primordialmente submeter o seu conflito a uma instância exclusivamente conciliatória, capaz de oferecer a ele uma possível solução negociada, se for de seu interesse. Todavia, não é este o entendimento que tem prevalecido no âmbito da jurisprudência do Tribunal Superior do Trabalho. Com efeito, a tendência dos julgamentos das Turmas do TST a respeito do tema já vinha sendo sedimentada no sentido de entender que, na existência de Comissão de Conciliação Prévia, a sua provocação é um pressuposto de formação e desenvolvimento válido do processo trabalhista, sem o que este merece ser extinto, sem apreciação do mérito.[9] Em novembro de 2006, a SBDI-1, do TST, apreciando o processo E-ED-RR n. 1.070/2002-004-02-00.0, confirmou a decisão da 4ª Turma do TST, no sentido da extinção do processo que não havia sido submetido previamente a Comissão de Conciliação Prévia. Foi a primeira decisão da SBDI-1 sobre o assunto, e as manifestações dos Ministros colhidas durante o julgamento deixam evidente que essa matéria está próxima da unanimidade naquela Corte, havendo indicativos claros de que pode se tornar, em breve, uma Orientação Jurisprudencial.[10]

Postos tais elementos, e sendo focalizada especificamente a questão suscitada, temos que o seu ponto de partida é a existência da efetiva provocação da Comissão de Conciliação Prévia pelo empregado, o que será feito por escrito ou mediante redução a termo por qualquer membro da Comissão (art. 625-D, § 1º). Com isso, se o trabalhador não conseguir obter composição com seu ex-empregador, deverá obter certidão da própria Comissão que o habilita, segundo a visão do TST, a ingressar com a reclamação trabalhista pertinente para, aí sim, obter a solução jurisdicional para sua pretensão (art. 625-D, § 2º). Todavia, coerentemente com a tendência manifestada pelo TST, temos que o trabalhador somente poderá reclamar as mesmas parcelas para as quais houve provocação junto à CCP, porquanto o preenchimento desse requisito processual se perfaz especificamente para cada pretensão, e não para o conjunto do contrato de emprego do trabalhador, estando dela liberado somente nas hipóteses do § 3º do art. 625-D.

---

(9) Na jurisprudência do TST, destacamos duas decisões nesse sentido: RR n. 2.287/2000-464-02-00.1 — 4ª T., Rel. Min. Ives Gandra Filho (jun./05) e RR n. 1.005/02-086-15-00.4 — 5ª T., Rel. Juíza Convocada Rosita Sidrim Nassar (out./2004).

(10) Tais informações foram colhidas em <www.tst.gov.br>, *link* Notícias, do dia 29.11.06 ("SDI-1 mantém extinção de processo que não passou por comissão").

Se, no entanto, as partes chegarem a um bom termo e celebrarem uma composição, ter-se-á a lavratura de um termo, que produz, nos dizeres expressos do art. 625-E, parágrafo único, dois efeitos fundamentais: possui *eficácia liberatória geral*, exceto quanto às parcelas expressamente nele ressalvadas e constituirá título executivo extrajudicial. Dessas possibilidades extraímos algumas circunstâncias que podem ocorrer. Por primeiro, caso haja o cumprimento do avençado, e o trabalhador se mostrar satisfeito com o seu conteúdo, exaure-se ali o conflito antes instalado. Não havendo, no entanto, o cumprimento do decidido, estará habilitado o trabalhador a demandar a execução da obrigação convencionada, pela via da execução extrajudicial, nos termos do art. 876 da CLT, cuja redação também foi modificada pela mesma Lei n. 9.958/2000, justamente para assimilar esse título executivo extrajudicial.

A maior dificuldade explorada pela questão, porém, é efetivamente a avaliação sobre o alcance da chamada eficácia liberatória geral, inscrita no parágrafo único do art. 625-E da CLT. Pela estrita extensão normativa do texto analisado, tem-se que o termo de acordo feito perante a CCP confere "eficácia liberatória geral, exceto quanto às parcelas expressamente ressalvadas". Assim, uma açodada leitura levaria ao entendimento de que um termo dessa natureza conferiria quitação ampla e total de todos os eventuais créditos trabalhistas daquele empregado, à exceção daqueles que tivessem sido expressamente registrados no próprio documento. Mas, em que pese seja essa interpretação resultante da expressão do texto normativo, ela não subsiste a uma análise mais completa, quando considerados os institutos fundamentais do direito aqui envolvido. Por primeiro, quando se analisa o termo *quitação*, tem-se que seu significado indica que seria a "prova do pagamento da dívida ao credor". No mesmo sentido, quitação geral seria o "recibo dado em relação a todos os negócios efetivados entre credor e devedor", no qual "devem ser individuados todos os pagamentos efetuados pelo devedor". E o vocábulo quitação plena seria a "quitação total pela qual o devedor que, voluntariamente, pagou toda a dívida, fica dela inteiramente desonerado (...)".[11]

Diante de tais conceitos, se se considerar que a dita *eficácia liberatória geral* representa uma *quitação*, esta só poderia ser consi-

(11) Tais conceitos são de Maria Helena Diniz, *Dicionário jurídico,* v. 4. São Paulo: Saraiva, 1998. p. 22.

derada plena se a) tivesse o devedor satisfeito integralmente a dívida; e b) se estivessem expressos no termo os créditos quitados por aquele ato. Essas ponderações esbarram na obviedade conceitual: ninguém pode dar quitação de algo que não recebeu, mesmo porque, como vimos, quitação é a prova do pagamento. Logo, só cabe *quitação geral* se houver *pagamento integral da dívida*. Ainda assim, para tal reconhecimento, há que se explicitar claramente qual seria o objeto preciso dessa quitação, até para que se tenha a exata dimensão do que está sendo ali quitado. Resta disso que o formato legal adotado pelo art. 625-E, parágrafo único, da CLT, é absolutamente equivocado, pois inverte esse postulado: gera a presunção de que o que não está ressalvado deve ser tido como quitado, quando, pela natureza da quitação, o inverso é o que ocorre (ou seja, só se pode considerar quitado o que está explícito no instrumento de quitação).

De outra parte, temos aqueles que afirmam que o termo de acordo que ora examinamos seria um *instrumento de transação* e que, diante disso, haveria a possibilidade de concessão de eficácia liberatória ampla, justamente porque esse instituto jurídico se caracteriza pela reciprocidade nas concessões, quando se está diante de direitos duvidosos ou litigiosos. Mas, ainda assim, entendemos que não se pode obter o sentido genérico pretendido pelos defensores do texto legal. Com efeito, segundo a dinâmica atual do Código Civil, a transação deixou de ser *modalidade de extinção de obrigações* para constituir-se em uma *modalidade de contrato*. Logo, de fato é possível entender-se o ato praticado perante uma CCP como sendo ato transacional; no entanto, assim sendo, outros atributos da transação devem ser igualmente respeitados. Com isso, só se poderia admitir a transação perante uma CCP quando recair sobre direitos duvidosos ou litigiosos, ou seja, quando houver litígio ou controvérsia a respeito de seu cabimento, sendo absolutamente descabida qualquer transação que recaia sobre direitos incontestáveis, como, por exemplo, verbas rescisórias decorrentes de despedida imotivada.

Demais disso, nos termos do art. 841 do CC, só se admite a transação quanto a *direitos patrimoniais de caráter privado*, não se podendo admitir sua incidência para direitos preservados por preceitos de ordem pública nem para aqueles que denotam interesses coletivos. Assim, não podem ser objeto de acordos perante as CCPs quaisquer direitos relativos ao meio ambiente de trabalho ou dele decorrentes, como é o caso de horas extras, horas de intervalo suprimido, adicionais de risco ou dano, dentre outros. Por outro lado, o art. 843 do CC evidencia uma clara inviabilidade conceitual do parágrafo único do art. 625-E da CLT: ali está explícito que a transação deve ser *interpretada restritivamente*, de maneira que não se pode reconhecer validade jurídica à disposição que estabelece a eficácia liberatória plena, com exceção do que estiver ressalvado. Novamente temos aqui a lógica inversa, pois se a transação deve ser interpretada de forma restrita, somente o que nela estiver expresso e explícito é que deve ser considerado objeto da transação. Assim, uma estipulação genérica com simples ressalvas não tem o condão, em nosso entender, de representar um instrumento transacional capaz de eliminar quaisquer postulações posteriores a respeito de temas que não estavam explicitamente inseridos no termo de acordo.

Em síntese, em nosso entendimento, o termo de acordo celebrado perante uma Comissão de Conciliação Prévia tem natureza transacional, e bem por isso deve observar os seguintes preceitos: a) só pode recair sobre direitos em que haja controvérsia ou incerteza, e nunca pode incidir sobre direitos incontestes do trabalhador; b) só pode ser realizado a respeito de direitos patrimoniais de caráter privado, não sendo admitido relativamente a direitos indisponíveis, decorrentes de preceitos de ordem pública ou que resultem em ofensa a interesses coletivos ou difusos; c) deve ser interpretado restritivamente, e incidir de forma exclusiva sobre os interesses expressamente consignados no termo de acordo, sendo inválida qualquer cláusula de abrangência genérica. Portanto, a despeito do disposto no parágrafo único do art. 625-E, a validade do termo de acordo está condicionada à observância desses preceitos, que prevalecem por serem decorrentes de princípios estruturais de direito (art. 8º da CLT). Não sendo respeitadas tais diretrizes, a solução é a que se apresenta no art. 848 do CC, qual seja, a nulidade de qualquer das cláusulas do instrumento de transação implica na nulidade total do próprio ato, salvo se os direitos transacionados forem independentes entre si (parágrafo único). Demais disso, deve-se ainda observar que também pode ser nulificada transação se resultar de dolo, coação ou erro essencial quanto à pessoa ou coisa controversa (art. 849 do CC).

Assim, uma vez respeitados todos os pressupostos jurídicos de validade de uma transação feita no âmbito de uma CCP, tem-se que o termo disso resultante permite que, se houver uma ação trabalhista por parte do empregado postulando os direitos que transacionou, possa ser reconhecida pelo Juízo a improcedência dos pedidos em face da quitação assim operada. De outro lado, aqueles direitos não inseridos expressamente no termo de acordo podem ser regularmente demandados, o mesmo ocorrendo com outros que vierem a constar de termo de acordo, mas que fora celebrado em descompasso com as diretrizes que ora explicitamos. Nesse caso, o magistrado, na apreciação da ação trabalhista, pode reconhecer incidentalmente a nulidade do ato transacional e partir para a apreciação do cabimento ou do direito perseguido.

Lamentavelmente, o que vemos não é a prevalência desse entendimento. A despeito de encontrarmos inúmeras situações em que as Comissões de Conciliação Prévia são utilizadas como instrumentos de precarização de direitos do trabalhador, há uma clara tendência dos tribunais no reconhecimento de efeitos plenos à chamada *eficácia liberatória geral* do termo de acordo perante essas Comissões. É o que vemos, p.ex., na decisão do processo RR n. 1.706/2002-043-15-00.5 (4ª Turma, Rel. Min. Barros Levenhagen), em que se afirma categoricamente que o acordo perante a comissão tem eficácia liberatória geral, exceto no tocante às parcelas expressamente ressalvadas. No caso em exame, desde a decisão regional estava assinalado que "o autor, assistido por representante de órgão sindical de 2º grau (federação), outorgou quitação plena do objeto da demanda e quanto ao extinto contrato de trabalho, nada ressalvando, já que declarou não ser credor de outros direitos em relação à (...), para nada mais reclamar a nenhum título ou pleito nem interpor recurso, conforme se constata por meio da leitura do documento".[12] E assim foi mantido pelo TST, evidenciando ser esse o entendimento que tende a prevalecer nas Cortes Trabalhistas.

Por essa perspectiva, a resposta à questão, segundo a interpretação corrente — com a qual, repetimos, não concordamos —, seria o reconhecimento da chamada eficácia liberatória geral, tendo como quitadas e satisfeitas todas as parcelas do contrato de trabalho, exceto as que forem expressamente ressalvadas no próprio termo. Com isso, em eventual reclamação trabalhista posterior, demandando parcelas não ressalvadas, a solução seria a de impro-

(12) Cf. Notícias do TST ("TST mantém validade de acordo em comissão de conciliação") <www.tst.gov.br>.

cedência, por terem sido quitadas por ocasião do referido acordo. Aqui, além de divergirmos do entendimento manifestado pelo TST em seu conteúdo, também divergimos da solução processual adotada. No caso examinado, a solução dada pela 4ª Turma foi no sentido da extinção do processo por ausência de interesse de agir, mas em nosso entendimento, a questão não resulta em objeção processual, pois se trata, a bem da verdade, de questão meritória: como já dissemos, o acordo perante a CCP tem natureza transacional, e a transação é um contrato; logo, uma vez reconhecida sua validade, os seus efeitos representam a satisfação da obrigação que foi objeto do acordo, o que denota a improcedência de eventual pedido a seu respeito.

3) A empregada, telefonista de mesa em metalúrgica, cumpre jornada de sete horas, de segunda-feira a sábado, sem intervalo, a qual foi prevista em sucessivos acordos coletivos de trabalho firmados pelo sindicato representativo da sua categoria profissional com sua empregadora. No caso, faz jus a uma hora extra diária, por aplicação da jornada reduzida de seis horas, ou prevalece o estatuído em instrumento coletivo?

Mais uma vez nos defrontamos com a temática relacionada aos limites da negociação coletiva, absolutamente recorrente na jurisprudência e, por decorrência, nas questões de concurso. O ponto central do problema é a verificação da possibilidade de se ter uma negociação coletiva que resulte na supressão ou flexibilização de direito regulado por norma heterônoma, com a conseqüente prevalência do negociado sobre o legislado. Antes de apreciar a temática proposta, devemos ponderar que o sistema de relações coletivas de trabalho no Brasil é extremamente contraditório, carregando consigo desde incompatibilidades — como a da liberdade sindical com a unicidade e a contribuição obrigatória — até dificuldades estruturais para a consecução da negociação coletiva como modo eficiente de solução dos conflitos coletivos.

Dentro dessa realidade, estruturada a partir da Constituição de 1988, vivemos em um sistema *sui generis*: há uma legislação regulatória da década de 1940, que traça diretrizes exaustivas do desenvolvimento das relações de trabalho, mas há um texto constitucional que consagra muitos direitos trabalhistas como sendo *direi-*

tos sociais, mas que também privilegia o instituto da negociação coletiva, sobretudo reconhecendo, também como direito social, a validade dos diplomas negociais coletivos (convenções e acordos coletivos de trabalho).

As incessantes transformações no mundo do trabalho e a necessidade de adequação do Direito Laboral a essas novas formulações têm sido os principais fundamentos para o desenvolvimento de teorias que defendem a rediscussão da regulação do Estado nas relações de trabalho. Essas teorias transitam desde a defesa da total desregulamentação até a sustentação de que o direito trabalhista já positivado deve se sujeitar a modelações especificamente transacionadas no âmbito das relações coletivas. Aqui é que se encaixa o problema apresentado: dentro do ordenamento vigente, quais seriam os limites negociais dos sujeitos coletivos?

Para responder a essa indagação, conseguimos abstrair duas posições básicas. De um lado, temos os que defendem a possibilidade de negociação ampla, escudados na necessidade de atualização conjuntural do Direito do Trabalho em face da nova ordem econômica. Nesse contexto, tudo o que não contiver restrição específica à negociação, seja de forma expressa, seja pela sua natureza, pode ser objeto de transação coletiva. O Tribunal Superior do Trabalho vem historicamente referendando essa posição, que se nota de forma mais acentuada desde o início da década de 1990, quando modificou o seu entendimento sobre a interposição de mão-de-obra.[13] E desde então não são poucas as manifestações jurisdicionais do TST nessa linha, fato confirmado por outras afirmações feitas pelos Ministros, em eventos científicos ou em matérias jornalísticas.[14]

Já no outro pólo hermenêutico, temos aqueles que sustentam que a negociação coletiva somente poderia incidir sobre as situações expressamente ressalvadas pela Constituição Federal ou pela lei, jamais podendo atingir outras questões constitucionalmente preservadas, assim como normas internacionais aplicáveis ao direito nacional e temas relacionados aos patamares mínimos de cidadania

(13) Em 1993 o TST cancelou a Súmula n. 256, que praticamente não admitia a terceirização, e regulou o tema no então Enunciado n. 331, ainda vigente, que passou a admiti-la.

(14) Exemplo dessa postura é o constante da notícia "Gelson Azevedo defende flexibilização mais ampla", disponível em <http://ext02.tst.gov.br/pls/no01/no_noticias.Exibe_Noticia?p_cod_noticia=6910&p_cod_area_noticia=ASCS>.

do trabalhador, como regras mínimas de pagamento salarial, de proteção ao meio ambiente de trabalho ou medidas antidiscriminatórias, por exemplo.[15] Essa linha tem sido adotada nos julgados do Supremo Tribunal Federal, quando enfrentou a temática.

O certo é que as características do sistema brasileiro permitem não só a defesa de posições antagônicas como essas que foram sintetizadas, mas a própria falta de uniformidade sistemática acaba sendo uma decorrência natural. É o que se nota quando se observa a Orientação Jurisprudencial n. 342, da SBDI-1, do TST, que trata justamente de um dos temas objeto da questão:

> "OJ N. 342. INTERVALO INTRAJORNADA PARA REPOUSO E ALIMENTAÇÃO. NÃO CONCESSÃO OU REDUÇÃO. PREVISÃO EM NORMA COLETIVA. VALIDADE. DJ 22.6.04. É inválida cláusula de acordo ou convenção coletiva de trabalho contemplando a supressão ou redução do intervalo intrajornada porque este constitui medida de higiene, saúde e segurança do trabalho, garantido por norma de ordem pública (art. 71 da CLT e art. 7º, XXII, da CF/88), infenso à negociação coletiva."

Essa orientação contraria a tendência adotada pelo TST, que chegou a admitir a redução do adicional de periculosidade, quando isso fosse pactuado em convenção ou acordo coletivo de trabalho.[16] A postura, nesse caso, foi a de privilegiar o comando legal, por se tratar de matéria de ordem pública (saúde e segurança no trabalho), nada obstante o adicional mencionado também se insira nessa temática.

Focalizando-se a questão formulada, tem-se que, à luz do entendimento hoje sumulado pelo TST, não se pode admitir como válida a redução ou supressão de intervalo de refeição pela via negocial, o que somente poderá ser aperfeiçoado segundo as condições do § 3º do art. 71 da CLT. Assim, diante da reserva legal expressa, a providência não seria suprível pela vontade dos sujeitos coletivos.

---

(15) Um dos autores mais incisivos nesse sentido é Mauricio Godinho Delgado, hoje também Ministro do TST, que criou para tanto o conceito de *patamar civilizatório mínimo,* abaixo do qual não se pode admitir qualquer atividade negocial precarizante.

(16) Súmula n. 364: "(...) II — A fixação do adicional de periculosidade, em percentual inferior ao legal e proporcional ao tempo de exposição ao risco, deve ser respeitada, desde que pactuada em acordos ou convenções coletivos. (ex-OJ n. 258 da SBDI-1 — inserida em 27.9.02)"

De outro lado, o problema revela que a pactuação normativa, além de suprimir o intervalo, ainda ampliava a jornada de trabalho da reclamante para sete horas ininterruptas. Há, com isso, duas irregularidades concomitantes. A propósito, vale destacar que a invalidade do acordo coletivo quanto à ampliação de jornada é latente. Afinal, pelo art. 227 da CLT, combinado com a Súmula n. 178 do TST, a empregada assinalada teria jornada regular de seis horas diárias e trinta e seis semanais. Em que pese haja permissivo legal e constitucional que permitam a prorrogação de jornada, esta somente pode ocorrer legitimamente se houver compensação; caso contrário, sua ocorrência enseja o direito a horas extras. E nem se há que falar no art. 7º, XIV, da CF, pois não se trata de turno ininterrupto de revezamento.

Tem-se, portanto, como plenamente nulos os sucessivos acordos coletivos que estabeleceram jornada de trabalho de sete horas para a empregada citada, sem intervalo, de segunda a sábado, porque, quanto ao aumento de jornada, não houve qualquer contrapartida, e quanto ao intervalo a matéria não poderia ser objeto de pactuação. Por esses motivos, as horas laboradas além dos limites do art. 227 da CLT são devidas como extras.

Há, no entanto, que se chamar a atenção para um detalhe essencial neste caso: estando a trabalhadora sujeita ao regime de seis horas de trabalho por dia, seu intervalo seria de 15min, nos termos do art. 71 da CLT. Assim, no caso em tela, dada a irregularidade da pactuação, a empregada deve ter reconhecido o direito de trabalhar seis horas por dia, merecendo receber, como extra, uma diária. Além disso, nos termos do § 4º do art. 71 da CLT, merece também receber o equivalente a 15min por dia, com o mesmo adicional de horas extras, a título de remuneração pelo intervalo suprimido irregularmente — parcela que não se confunde com as horas extraordinárias.

4) É cabível a proibição do empregador quanto à percepção de gorjetas? Em caso positivo, há alteração quanto à natureza jurídica desta parcela?

Por ser o empregador o detentor dos meios de produção e do empreendimento, considera-se que ele tem o chamado *jus variandi*, ou seja, direito de redimensionar a forma de realização do trabalho, pressupondo-se o interesse no desenvolvimento empresarial. Por certo que esse é um dos assuntos mais complexos no âmbito das relações de trabalho, uma vez que esse *jus variandi* encontra como limites justamente os preceitos decorrentes do princípio da inalterabilidade das condições de trabalho. A difícil incumbência reside em identificar até que ponto determinada modificação processada pelo empregador é ilícita ou lícita, por atingir ou não direitos do empregado.

O tema apresentado nem sempre envolve a chamada *alteração contratual*. Afinal, pelo seu enunciado, não está explícito se a proibição na percepção de gorjetas ocorreu no momento da contratação ou durante o curso contratual. Bem por isso, analisaremos as duas hipóteses. Antes, porém, devemos observar que o núcleo central da questão é a temática da *remuneração*, especificada na figura das gorjetas, com indagação atinente à sua natureza jurídica, no caso de proibição de percepção, por parte do empregador.

Gorjetas são títulos remuneratórios pagos ao empregado, em razão do trabalho, mas não despendidos pelo empregador: são parcelas entregues pelos próprios usuários dos serviços dos empregados, como manifestação de agrado pelo atendimento. É figura tipicamente oriunda da prática consuetudinária, e própria de certas atividades profissionais, nas quais é secular o costume de oferecer ao prestador de serviços um pagamento advindo do próprio cliente, usuário de seus serviços.

Justamente por essa singular característica que a gorjeta não se insere no conceito de *salário*, visto ser este apenas a parcela paga pelo empregador, como contraprestação pelo trabalho. Sendo a gorjeta paga pelo cliente, isso retira seu caráter salarial, mas não o remuneratório: continua sendo parcela devida somente em razão do contrato de emprego, sem o que ela não existiria. Essa é a diretriz do *caput* do art. 457 da CLT, que qualifica as gorjetas recebidas como parte da remuneração do empregador.

Bem por isso que a existência de gorjetas produz determinados efeitos jurídicos, como o de repercussão em outros títulos contratuais, nos termos da Súmula n. 354 do TST(17) e a impossibilidade

(17) "Súmula n. 354. GORJETAS. NATUREZA JURÍDICA. REPERCUSSÕES (mantida) — Res. n. 121/2003, DJ 19, 20 e 21.11.03. As gorjetas, cobradas pelo empregador na nota de serviço ou oferecidas espontaneamente pelos clientes, integram a remuneração do empregado, não servindo de base de cálculo para as parcelas de aviso-prévio, adicional noturno, horas extras e repouso semanal remunerado."

de sua supressão, sob pena de ferir o disposto no art. 468 da CLT. De outra parte, é oportuno assinalar que o § 3º do art. 457 da CLT explicita que, do conceito de gorjeta abstraem-se duas figuras, com tratamento jurídico idêntico: as gorjetas espontaneamente dadas pelos clientes e também aquelas inseridas em notas de despesas pelo empregador. São duas figuras que se encaixam no mesmo conceito, apenas com formato diferente, e passível de gerar alguns efeitos distintos.

A chamada gorjeta espontânea é aquela que originou o instituto e que, como já dito, assinala a satisfação do cliente pelo serviço. Não é tarifada, sendo apenas uma decorrência do costume vigente no local ou no ramo de atividade, ou da própria disponibilidade do cliente.(18) É o que vemos, por exemplo, em casos de frentistas de postos de gasolina, manobristas de veículos em casas de espetáculo, mensageiros, dentre outras figuras. Já a gorjeta inserida na nota de serviço é prática costumeira em atividades de hotelaria e restaurante, e para muitos tratada como "taxa de serviço", de forma imprópria. Por certo que o cliente jamais é obrigado a pagar essa "taxa", mas é uma prática adotada de forma a "simplificar" a fixação da gorjeta — o cliente já paga na própria nota de despesas, e esse valor deve ser revertido ao empregado.

Essa simples distinção tem intensa repercussão no mundo jurídico, embora ambas as figuras, repita-se, constituam identicamente o conceito de gorjetas. O problema é que, se o empregador não insere a "taxa de serviços" na nota de despesas, ele não tem nenhum controle do montante recebido pelo empregado a título de gorjetas. Logo, há material impossibilidade de estipulação dos chamados reflexos. Em sentido diverso, ao fazer inserir a "taxa" na nota de despesas, ele tem absoluto controle dessa importância, que deve ser a referência para o pagamento dos reflexos.

Foi essa a razão essencial de terem sido criadas regras, no âmbito da negociação coletiva entre sindicatos dessa categoria, fixadoras das chamadas "estimativas de gorjetas", que constituem parcelas devidas pelos empregadores aos empregados, com a finalidade de compensá-los pelas repercussões das gorjetas espontâneas. Assim, quando não há cobrança de "taxa de serviço" na nota

---

(18) A figura da gorjeta existe em diversos países do mundo, e bem por isso é hábito de quem viaja investigar previamente o costume local, seja quanto à percepção em si, seja quanto ao valor costumeiramente oferecido a esse título.

de despesas, o empregador tem, por força de norma coletiva, o dever de pagar mensalmente aos empregados a importância assim definida, que passa a ter o caráter salarial, nos termos do art. 457 da CLT.[19]

De outra parte, as gorjetas "compulsórias" ficam no âmbito do controle do empregador, pois ele é quem emite a nota de despesa com o percentual acrescido, e a recebe de volta com o pagamento do cliente. A ele cabe, portanto, controlar o montante recebido, inclusive levando em conta os casos em que os clientes não pagam a referida "taxa". Nessas situações, incumbe-lhe considerar as gorjetas na remuneração do empregado para fins de cálculo das demais parcelas de seu contrato de trabalho que a têm como base, como é o caso das férias, do décimo terceiro salário ou do FGTS, dentre outras, observando-se que a Súmula n. 354 apenas exclui essa repercussão do aviso-prévio, do adicional noturno, das horas extras e do repouso semanal remunerado, admitindo tacitamente quanto aos demais tíulos do contrato.

Centrando-se no problema lançado, tem-se que a proibição, se estabelecida na própria formação do contrato, se insere no direito do empregador de estabelecer as condições de prestação do trabalho. Trata-se de imposição específica que, por conta de sua atividade ou política empresarial, opta por vedar. Logo, ela não é ilícita, podendo, até mesmo, resultar em insubordinação do empregado se restar violada. De qualquer sorte, a fim de preservar os interesses do empregador, é conveniente que ele insira essa condição de forma expressa no contrato, ainda que isso não seja da essência do ato.

Nesse caso, a parcela não pode ser tida como existente na relação empregatícia, sendo algo irrelevante no mundo jurídico, no tocante aos seus efeitos. Justamente pela vedação patronal, não se pode dizer que ela foi recebida em razão do trabalho. Vemos que não pode sequer o empregado vir a postular, futuramente, as repercussões dessas gorjetas, porque foram auferidas de forma contratualmente ilícita. Se assim se admitisse, estaríamos admitindo que ele alegasse a própria torpeza, o que viola um princípio geral de direito. E não cabe, para tanto, invocar-se a primazia da realidade, dado o nítido choque com outro princípio de aplicação geral.

---

(19) Isso se houver norma coletiva da categoria com essa estipulação.

Por outro lado, se havia permissão — expressa ou tácita — do empregador para o recebimento de gorjetas, a proibição posterior é ilícita. Ainda que não se possa, com esse tipo de ato, falar-se em redução salarial, nos termos do art. 7º, VI, da CF, situa-se o problema no campo mais amplo, da inalterabilidade das condições de trabalho, em prejuízo ao empregado. Assim, se ele foi contratado para receber o salário e mais as gorjetas, a supressão delas, mediante a proibição do empregador, representa ofensa ao art. 468 da CLT. Portanto, o ato assim praticado é nulo de pleno direito, e como tal pode ser reconhecido, permitindo-se, em um caso concreto, que o juiz determine ao empregador que ele pague ao empregado os valores das gorjetas suprimidas, com os devidos reflexos de direito.

DIREITO PROCESSUAL DO TRABALHO

5) A prescrição e a compensação são matérias exclusivamente de defesa ou poderão ser articuladas em outro momento processual? Justifique a resposta.

A prescrição é um peculiar instituto, visto que embora regulado pelo direito material — sendo instituição clássica do direito civil, tanto em sua modalidade aquisitiva (usucapião) como em sua forma extintiva —, exerce grande influência no direito processual, visto que que seu conceito mais usual remete à *perda do direito de ação*, em razão da inércia do seu titular em um determinado espaço temporal. No sentido processual, portanto, que é o foco buscado pela indagação, a prescrição está arrolada como uma das matérias passíveis de invocação, pelo interessado, como *defesa indireta de mérito*, ou ainda como *objeção de direito material*. Assim se diz porque a prescrição, conquanto seja instituto de direito material, é invocada como tema que antecede ao mérito, sem necessidade, no mais das vezes, de nele se adentrar para sua suscitação.

No mesmo sentido, a compensação é um instituto típico de direito material: é disciplinado no direito civil como modalidade de extinção de obrigações, marcada pela equivalência de obrigações entre duas pessoas. Assim, o art. 368 do CC aponta que, quando duas pessoas são, a um só tempo, credor e devedor uma da outra, as obrigações correspondentes e de mesma natureza se extinguem, até onde se equivalem. Desta forma, temos que se trata, igualmente, de forma de *defesa indireta de mérito* ou *objeção de direito material*, mesma natureza assumida pela prescrição no âmbito do processo.

Tradicionalmente, as objeções de direito material, justamente por estarem relacionadas com a relação privada entre os contendores processuais, somente poderiam ser conhecidas mediante provocação por parte do interessado. Assim é que, salvo no caso da decadência — em que há elementos de interesse público, pelo tipo de relação jurídica sobre a qual incide —, todas as demais figuras de objeções materiais só poderiam ser conhecidas quando o réu as invocasse. No Código Civil de 2002, esse rol foi ampliado para envolver também a prescrição, no caso de beneficiar pessoa absolutamente incapaz (art. 194). Mas a Lei n. 11.280/06 inseriu no art. 219 do CPC o § 5º, que delibera sobre a possibilidade de a prescrição ser reconhecida de ofício pelo juiz. A par da controvérsia que tem suscitado a aplicabilidade desse dispositivo no processo do trabalho, a análise do direito objetivo, a partir disso, nos leva a afirmar que, à exceção da prescrição e da decadência, as demais objeções materiais — como a compensação — só podem ser apreciadas pelo juiz se invocadas pela parte a quem o instituto aproveita.

A questão formulada, no entanto, pede que se analise se a oportunidade de se fazer essa alegação estaria restrita ao momento da defesa, ou se poderia ser feita posteriormente. Nesse sentido, não se pode deixar de considerar que, em matéria processual, prevalece o princípio da eventualidade, especificamente inscrito no art. 300 do CPC, que estabelece ao réu o ônus de invocar, em sua contestação, toda a *matéria de defesa*. Dessa forma, sendo prescrição e compensação temáticas próprias de defesa indireta de mérito, só poderiam ser invocadas nesse momento processual, operando-se, no caso de omissão, a preclusão.

Esse é o entendimento que prevalece para o caso da compensação, nos termos do art. 767 da CLT, que também se refere ao direito de retenção como matéria de defesa, que deve ser invocada pelo reclamado. Com isso, se o reclamado não suscitar a compensação em sua defesa, terá preclusa a oportunidade para fazê-lo, podendo, no entanto, pleitear seu crédito em ação própria, se preenchidos os demais pressupostos. É importante diferenciarmos, todavia, a figura da dedução, por vezes confundida com a compensação, mas cuja natureza é totalmente distinta e, por isso, tem um tratamento também processualmente diferenciado. Na realidade, usa-se a *dedução* em situações em que há postulação de certa parcela, que já fora parcialmente satisfeita, de modo que, havendo o reconhecimento da dívida, o devedor paga apenas o excedente do que já fora pago. Isso é muito comum no caso de pedidos de horas extras: o reclamado, em regra, nega a sua ocorrência, mas ressalva que, em havendo o reconhecimento do pedido, deve ser feita a dedução das horas extras já satisfeitas. Nesse caso, a diferenciação da compensação é conceitual: como dissemos, tal instituto pressupõe créditos recíprocos entre os litigantes; na dedução, só uma das partes é credora, embora o devedor tenha satisfeito parte da dívida. Assim, não cabe compensação, porque o devedor não é também credor, mas cabe a dedução para não ocorrer enriquecimento indevido.

Justamente por isso é que entendemos ser pertinente a determinação da dedução mesmo sem requerimento da parte, mas sim de ofício pelo juiz a partir da constatação da sua pertinência. No mesmo sentido, consideramos que a dedução pode também ser requerida a qualquer tempo no processo, mesmo porque poderá ser evidenciada somente em fases posteriores à contestação, mas desde que os documentos que comprovem o pagamento parcial tenham sido juntados aos autos antes do encerramento da instrução processual.[20]

O mesmo não se pode afirmar com relação à prescrição. A doutrina e a jurisprudência têm considerado pertinente a invocação da prescrição em qualquer fase do processo, embora o Tribunal Superior do Trabalho tenha limitado essa alegação à chamada instância ordinária,[21] ou seja, até o segundo grau de jurisdição. E o fundamento disso está no art. 193, do CC de 2002, que reprisou a redação do art. 162 do CC de 1916. Com isso, admitindo-se a norma que a alegação se faça em qualquer grau de jurisdição, encontra-se o permissivo para reconhecer-se a invocação da prescrição em qualquer fase do processo, mesmo após a contestação.

Particularmente, divergimos desse entendimento, visto que o dispositivo legal indicado não derroga o princípio da preclusão, já citado. O que nos parece razoável interpretar é que a regra inscrita no Código Civil é válida apenas pelo fato de que a prescrição pode ocorrer em qualquer grau de jurisdição. Afinal, por conta do disposto no parágrafo único do art. 202 do mesmo Código, a prescrição

(20) Por exemplo, em perícias contábeis realizadas na fase de conhecimento para apuração da existência de horas extras. Feita a perícia, e verificado o pagamento parcial da verba, pode ser requerida, nesse momento, a dedução do que fora pago.

(21) Súmula n. 152 — "PRESCRIÇÃO (mantida) — Res. n. 121/2003, DJ 19, 20 e 21.11.03 — Não se conhece de prescrição não argüida na instância ordinária (ex-Prejulgado n. 27).

interrompida volta a ser computada desde o ato que a interrompeu ou do último ato do processo que visava à sua interrupção. Trata-se da chamada prescrição intercorrente, que, por sua natureza própria, flui no curso do processo, após a interrupção ocasionada pelo ajuizamento da ação.

Com isso, para preservar a coerência entre os dispositivos legais e sua adequação ao princípio mencionado, só podemos compreender a admissibilidade do art. 193 do CC a partir da lógica da prescrição intercorrente. Assim, se a prescrição intercorrente pode ocorrer em qualquer grau de jurisdição, sua alegação também pode ocorrer nas mesmas condições, observando-se, sempre, a preclusividade da alegação, ou seja, o interessado deve invocá-la na primeira oportunidade que se manifestar nos autos. Já a prescrição da ação só pode ser invocada, em nosso entendimento, por ocasião da contestação, nos termos do já mencionado art. 300 do CPC.

Todavia, não prevalece essa concepção, senão aquela traduzida na Súmula n. 153 do TST, nada obstante essa questão tenda a perder a relevância se predominar a aplicabilidade do § 5º do art. 219 ao processo do trabalho.

6) Num processo trabalhista, na fase de execução, houve a desconsideração da personalidade jurídica do reclamado, com a conseqüente expedição de mandado de citação e penhora na pessoa do sócio da empresa, o qual indicou à penhora um bem imóvel ereptício ingressando no prazo legal com embargos à execução. Responda, fundamentadamente: a) o juízo está garantido para o regular processamento dos embargos?; b) se os embargos tivessem sido apresentados fora do prazo legal, qual decisão deveria ser proferida?

A questão envolve problemas típicos da execução trabalhista: a desconsideração da personalidade jurídica da sociedade executada e o decorrente prosseguimento da execução na pessoa de um dos sócios. O fato inusitado está relacionado à indicação, pelo sócio, de um bem ereptício para garantir o Juízo, como pressuposto para o processamento de seus embargos. O foco central da questão, portanto, é a avaliação sobre a regularidade da penhora do dito bem e sua qualificação para permitir o conhecimento dos embargos.

Bem ereptício é aquele que pertencia ao quinhão hereditário de um herdeiro que, ao ser considerado indigno (art. 1.815 do CC), resulta no seu retorno à herança, para nova partilha entre os demais herdeiros, como se nunca tivesse pertencido ao indigno. É, portanto, o bem que o herdeiro tido como indigno, por sentença judicial, deixa de herdar, retornando a herança para os demais sucessores. Apesar da falta de informação explícita na questão, o conceito de bem ereptício nos remete à conclusão de que o problema aponta caso em que o sócio da executada teria tido o reconhecimento da indignidade contra si. Logo, os bens que obteve pela herança seriam ereptícios, ou seja, devem retornar a herança para nova partilha entre os demais herdeiros.

Com isso, o bem considerado ereptício não é de titularidade do sócio em questão, porque o reconhecimento desse *status* só se dá após sentença judicial transitada em julgado acolhendo a indignidade. Ao indicar bem que não seria de sua propriedade — mas sim do espólio, dado o reconhecimento judicial da indignidade —, o sócio não prestou a garantia ao Juízo, como requisito fundamental para o processamento e o conhecimento de seus embargos. Logo, na sua apreciação, o julgador deve deixar de conhecer dos embargos, pela ausência de um de seus pressupostos, que é a garantia do Juízo, já que o bem oferecido não pode ser assim considerado, por não ser de propriedade do devedor-embargante.

Nessa situação, embora o devedor não tenha mais oportunidade de indicar qualquer bem — porque exauriu esse direito indicando o bem em comento[22] —, a existência de ulterior penhora admite novos embargos, quando aperfeiçoada a constrição. Por certo que, na situação em comento, o juiz poderá enquadrar o sócio-devedor nas disposições dos incisos II e IV do art. 600 do CPC, aplicando-se-lhe a multa do art. 601 do mesmo Código. De outro lado, ainda que a questão não especifique essa circunstância, é oportuno observar-se que poderia ter ocorrido a indicação do bem ainda no decorrer da ação de indignidade, ou seja, em momento no qual o bem não havia revertido a herança. Nesse caso, os embargos poderiam ser processados e conhecidos e o sócio não poderia ser

---

(22) Aqui, diante do problema apresentado, não estamos considerando que, nos termos do art. 475-J, § 3º, do CPC, entendemos que o devedor não possui mais o direito de indicar bens, pois essa é uma faculdade do credor, a partir da vigência da Lei n. 11.232/05. Mas, para a questão posta, isso se torna irrelevante.

reputado como praticante de ato atentatório à dignidade da Justiça, visto que, até o trânsito em julgado da sentença de indignidade, ele continua com a posse e domínio dos bens, de modo que as alienações onerosas a terceiros de boa-fé e os atos de administração legamente praticados pelo herdeiro antes da sentença são válidos de pleno direito (art. 1.817 do CC). Por essa lógica, pode até mesmo ocorrer a alienação judicial do bem, e se assim ocorrer antes da sentença de indignidade, o ato é perfeitamente válido, ressalvando-se apenas aos herdeiros prejudicados o direito de postular reparação de perdas e danos ao indigno (art. 1.817, parte final, do CC).

No tocante ao segundo questionamento, tem-se que, nos termos do art. 884 da CLT, uma vez garantida a execução ou penhorados os bens, o devedor tem o prazo de cinco dias para opôr embargos. Apesar da falta de menção no texto legal, o entendimento que predomina é o mais razoável, ou seja, de que o início do prazo se dá com a intimação do devedor para conhecimento da existência da penhora — o que nem sempre ocorre de forma simultânea, especialmente em se tratando de bem imóvel, para o que a lei processual admite a intimação na pessoa do advogado do devedor (art. 659, § 5º, do CPC). Assim, se os embargos foram opostos após o prazo legal para tanto, não podem igualmente ser conhecidos, pela ausência de outro de seus pressupostos, que é a tempestividade.

Aparentemente, a questão pode produzir um efeito circular, se considerarmos ambas as perguntas formuladas. No entanto, vemos que isso é um problema apenas aparente, pois, nos dois casos, temos hipóteses de não-conhecimento dos embargos, cada um pela ausência de um pressuposto distinto. Não vemos necessidade de se estabelecer antecedência lógica de um ou de outro, de maneira que, por um ou por ambos os fundamentos, o juiz não deve conhecer dos embargos opostos pelo sócio-devedor, salvo na situação já por nós destacada anteriormente. Nesse caso, somente pela intempestividade é que deveria deixar de conhecê-lo.

7) Disserte sobre o cabimento da intervenção de terceiros no processo do trabalho sob a ótica da Emenda Constitucional n. 45, de 2004.

O tema da intervenção de terceiros no processo do trabalho sempre foi objeto de grande controvérsia, o que foi revigorado pela ampliação de competência provocada pela Emenda Constitucional n. 45/04. A rigor, a única hipótese expressa de intervenção de terceiros consignada nas normas de processo do trabalho é aquela inscrita no § 1º do art. 486 da CLT, ali tratada como "chamamento à autoria". Trata-se, na realidade, de uma figura peculiar, decorrente do instituto de direito material conhecido como *factum principis*, acolhido pelo *caput* do mesmo artigo. Por essa disposição, sempre que houver "paralisação temporária ou definitiva do trabalho, motivada por ato de autoridade municipal, estadual ou federal, ou pela promulgação de lei ou resolução que impossibilite a continuação da atividade, prevalecerá o pagamento da indenização, que ficará a cargo do governo responsável". Assim, a fim de conformar essa possibilidade de responsabilização da Administração Pública pela intervenção na atividade econômica da empresa, a CLT permite ao reclamado, em situações como essa, suscitar um incidente processual para trazer à lide o órgão administrativo correspondente.

A qualificação dada pela CLT para isso não é das melhores, visto que se inspirou em figura análoga existente na lei processual de 1939, não repetida em 1973. A rigor, a Administração Pública assume o papel de litisconsorte necessário, pois, pelos dizeres da CLT, ela é a responsável pelos créditos decorrentes da paralisação ocasionada pelo seu ato. E não se trata, aqui, de responsabilidade sucessiva, solidária ou subsidiária, mas responsabilidade principal da Administração, daí porque ela é legitimada como co-reclamada, inserida no pólo passivo a partir da provocação da reclamada original.(23) E a reclamada original permanece nessa condição, primeiro porque ela continua sendo a responsável pelos demais créditos que eventualmente estejam sendo postulados e ainda porque o *factum principis* pode não ser reconhecido.(24)

Logo, não se trata propriamente de uma intervenção de terceiros, porque a Administração Pública não é exatamente um estranho à lide. Todavia, quando vemos as demais figuras arroladas no CPC com essa qualificação, identificamos algumas similitudes, que até

(23) Por óbvio que o reconhecimento da responsabilidade depende do reconhecimento da ocorrência ou não do *factum principis*, mas isso é uma questão meritória, e não tem apelo processual.

(24) Nesse caso, rejeitando-se a alegação de *factum principis*, e havendo reconhecimento do direito postulado pelo reclamante, condena-se a reclamada original, julgando-se improcedente o pedido em face da Administração, constituindo um equívoco técnico a extinção do processo em face dela, como já vimos ser decidido.

permitem que esse tratamento seja dado.(25) A dificuldade essencial no assunto, no entanto, é sabermos qual das figuras do CPC poderiam ser utilizadas no processo do trabalho. Tradicionalmente, o óbice que encontramos está relacionado às limitações de competência material da Justiça do Trabalho. Afinal, na vigência do art. 114 da CF/88, em sua redação original, tínhamos essa competência sob o foco subjetivo das relações jurídicas: somente seriam de competência trabalhista aqueles conflitos resultantes das relações entre trabalhadores e empregadores. Essa reduzida dimensão fazia com que toda a gama de litígios passível de apreciação trabalhista esbarrasse na titularidade do conflito, só podendo ser julgados pela Justiça do Trabalho os litígios entre empregados e empregadores, ainda que derivados do contrato de trabalho.

Com isso, o pressuposto fundamental para se reconhecer a pertinência de qualquer modalidade de intervenção de terceiros no processo do trabalho seria a possibilidade de que o próprio Juízo trabalhista pudesse também decidir o conflito imanente à condição do terceiro. Nesse sentido, a doutrina sempre admitiu a *oposição* no processo trabalhista, permitida quando o direito sobre o qual controvertem autor e réu seja postulado por terceiro, estranho ao processo. Autores de nomeada que citam essa possibilidade em casos em que um reclamante postula da reclamada direitos sobre invenções, e um outro empregado, tomando conhecimento do feito, nele ingressa como opoente, reivindicando-os para si.(26) Induvidoso que é de competência trabalhista — mesmo em sua versão anterior — a apreciação da titularidade desse direito.

Também em relação ao *chamamento ao processo* (art. 77 do CPC), praticamente inexistia controvérsia, ao menos no que diz respeito ao seu inciso III, uma vez que o entendimento predominante reconhecia que, havendo demanda em face de um dos devedores solidários, poderia ele provocar o chamamento ao processo dos demais, o que, por exemplo, poderia ser feito em casos de grupo econômico (art. 2º, § 2º, da CLT). Contudo, a rigor, entendemos que aqui também não se trata de hipóstese de intervenção de terceiro,

---

(25) Exemplos disso são os casos de nomeação à autoria e de chamamento ao processo, como trataremos a seguir.

(26) Também se tornou comum a possibilidade da oposição em dissídios coletivos, quando determinado sindicato reivindica a representação para si, em detrimento daquela exercida pelo sindicato que figura como suscitante ou suscitado.

mas uma mera ampliação do pólo passivo, e a providência, em regra, ocorre no interesse do próprio autor da ação, pois amplia as possibilidades de responsabilização, em caso de procedência. A razão para não admitirmos, no caso, o chamamento ao processo decorre do fato de que, tecnicamente, na hipótese de chamamento ao processo, a sentença que condenar os réus solidários valerá como título executivo para aquele devedor que pagar a dívida em face dos demais, sendo incompetente a Justiça do Trabalho para a formação e execução desta dívida. Ressalva-se que admitimos o ingresso do devedor solidário, mas na qualidade de litisconsorte, ampliando-se assim o pólo passivo e as garantias de eventual crédito obreiro.

Com relação à nomeação à autoria (art. 62 do CPC), a situação é bem peculiar. Afinal, trata-se de figura imprópria de intervenção de terceiros, cujo fim, na realidade, é a regularização do pólo passivo da demanda: sendo alguém demandado por coisa de que não é titular, como se dela fora, poderá suscitar a nomeação à autoria, para que o verdadeiro titular assuma a relação processual. Novamente, não temos um caso de ingresso de "terceiro", mas sim ajuste da relação jurídica, segundo os ditames próprios da legitimação ordinária; tanto assim que, admitida a nomeação, o réu originário (nomeante) não sofre qualquer condenação. Assim, não há sequer a necessidade de apreciação da relação jurídica entre nomeante-nomeado, mas tão-somente cabe ao juiz avaliar a pertinência da nomeação para a substituição do pólo passivo. A dificuldade que encontramos em aplicar essa modalidade no processo do trabalho é o fato de que o texto legal remete a situações que envolvam direitos reais: a nomeação é permitida àquele que detiver a coisa em nome alheio, e que for demandado em nome próprio. Logo, pensando-se nos limites subjetivos de uma relação empregatícia, seria muito difícil concebermos situações em que houvesse esse tipo de equívoco no manejo da demanda, de modo que a aplicabilidade ao processo do trabalho seria admitida apenas em tese.

Por fim, a denunciação da lide (art. 70 do CPC) é a modalidade que maior controvérsia trazia aos tribunais trabalhistas. Sua finalidade é trazer para o conflito processual aquele que pode ser o responsável final pela condenação, sobretudo em situações decorrentes do exercício do direito de regresso (inc. III). Assim, forma-se uma relação processual com três sujeitos — autor-réu-denunciado

— e a sentença decide, em primeiro lugar, se há condenação do réu em face do autor, para, em seguida, deliberar sobre a responsabilidade do denunciado em face do réu (denunciante). Nesse caso, é fundamental que o juiz que apreciará a controvérsia tenha competência para analisar não somente o conflito principal, mas também o conflito secundário, senão não poderá decidi-lo validamente.

Por essa razão é que a inclinação da jurisprudência se fazia no sentido da inadmissibilidade da denunciação da lide no processo do trabalho, como consubstanciado na Orientação Jurisprudencial n. 227 da SBDI-1.[27] Todavia, desde sempre divergimos dessa interpretação restritiva, por consideramos que havia situações em que isso era não só admissível como desejável. A título de exemplo, situamos um caso hipotético em que o trabalhador reclama de seu empregador a devolução de descontos feitos em favor do sindicato, a título de contribuição assistencial, prevista em norma coletiva. O empregador, ao se defender, poderia invocar a denunciação da lide do sindicato arrecadador, com a finalidade de ser ressarcido da contribuição recolhida, caso houvesse a procedência do pedido. Além de ser medida legítima para preservar os interesses do reclamado, essa possibilidade encontrava guarida na Lei n. 8.984/95; no entanto, como dissemos, não era a interpretação predominante. Assim, admite-se a denunciação da lide desde que a Justiça do Trabalho seja competente também para julgar a demanda secundária.

A Emenda Constitucional n. 45/04 trouxe um novo horizonte na competência trabalhista, e iniciou transitando da perspectiva incidente sobre os sujeitos da relação jurídica para uma outra visão, que enfoca objetivamente a própria relação. Assim, o atual art. 114 da CF/88 elimina os sujeitos do contrato de emprego como elementos vinculantes da competência trabalhista, e usa como referência as próprias relações jurídicas. Independentemente da dimensão que se pode dar ou não ao inciso I do art. 114 e da expressão "relação de emprego" ali constante, esse critério estrutural usado pelo texto constitucional e as demais figuras arroladas em outros incisos exigem uma releitura dessa intepretação histórica que descrevemos.

Com efeito, partindo-se do pressuposto antes indicado, de que a pertinência das modalidades de intervenção de terceiros no pro-

(27) DENUNCIAÇÃO DA LIDE. PROCESSO DO TRABALHO. INCOMPATIBILIDADE. Inserida em 20.6.01. (Cancelada, DJ 22.11.05)

cesso do trabalho dependeria da competência trabalhista para apreciação das controvérsias secundárias, qualquer forma de amplificação material de competência resulta em interferência direta nessa admissibilidade. Assim, substituindo o critério subjetivo de competência, para firmar-se em um critério objetivo, a Constituição passou a permitir a apreciação trabalhista de conflitos envolvendo outras pessoas que não sejam somente os envolvidos em uma relação de emprego. Dessa forma, qualquer tipo de conflito, desde que fundado em uma das relações jurídicas nela descritas, estão na esfera de jurisdição especializada, o que permite o uso com maior incidência das figuras controvertidas — tanto a nomeação à autoria como a própria denunciação da lide. Não por acaso, o TST cancelou a OJ n. 227 da SBDI-1, eliminando um bloqueio processual à sua admissibilidade, o que torna mais possível a utilização desses institutos, que podem ser de grande valia para a efetividade processual. No entanto, o que se há de observar em qualquer situação é justamente a possibilidade concreta de o Juiz do Trabalho decidir o conflito, sobretudo pela existência de competência jurisdicional. Bem por isso é que não admitimos a figura da denunciação da lide de empresas seguradoras em ações de empregados contra empregadores postulando indenização por acidentes de trabalho, visto que, nesse caso, não há competência do Juiz do Trabalho para analisar efeitos do contrato de seguro.

8) Quais são os requisitos que autorizam a execução provisória no processo trabalhista?

A chamada execução provisória é aquela fundada em um título executivo judicial ainda não transitado em julgado, e por isso passível de modificação, sendo admitida apenas em se tratando de decisão condenatória cujo recurso não tenha efeito suspensivo. Trata-se de uma denominação imprópria, pois os atos executivos nada têm de provisórios; a rigor, haveria que se chamar de *execução incompleta*, apenas porque não está apta a produzir os efeitos totais de uma *execução completa*, tratada pela lei processual como definitiva.

O processo do trabalho encontra regulação do instituto apenas no art. 899 da CLT, que reconhece sua possibilidade sempre que houver interposição de recurso, visto que, por regra, esses recursos não têm efeito suspensivo. Assim, para a execução provisória trabalhista ser processada basta a existência de uma sentença condenatória e a interposição de recurso dessa condenação, o que naturalmente ensejará a possibilidade de seu processamento. É oportuno ser ressaltado que a existência de recurso sobre parte da decisão importa no trânsito em julgado do que não fora objeto do apelo, de modo que, sobre essa parcela, a execução é definitiva.

Como a CLT nada mais trata do assunto, tem-se a possibilidade de uso supletivo do CPC, como autoriza o art. 769 da CLT. Com isso, devem ser respeitados, também no processo do trabalho, os preceitos hoje descritos no art. 475-O, do CPC, consoante a redação dada pela Lei n. 11.232, de 2005. Por esse dispositivo, toda a execução provisória se conduz do mesmo modo da execução definitiva, observando-se, no entanto, algumas particularidades. Por primeiro, ela sempre corre por iniciativa, conta e responsabilidade do exeqüente, que fica obrigado, caso a sentença seja reformada, a reparar os danos que o executado haja sofrido. Isso se justifica em razão de ser precário o título executivo em que se funda e, portanto, passível de reforma. Logo, cabe sempre ao exeqüente a avaliação da pertinência ou não da execução provisória, dado o risco que ela implica.

No mesmo sentido, a lei processual estabelece que, sobrevindo acórdão que modifique ou anule a sentença objeto da execução, ela fica sem efeito, restituindo-se as partes ao estado anterior, como se nunca houvesse ocorrido qualquer execução. E, na esteira do que fora antes assinalado, devem ser liquidados eventuais prejuízos nos mesmos autos, por arbitramento.

O processamento da execução provisória se faz, normalmente, por carta de sentença, e mais uma vez a CLT é omissa a respeito de sua formação. Com isso, utiliza-se a disciplina do CPC a respeito do tema, que determina ao exeqüente que, ao requerer a execução provisória, instrua a petição com cópias autenticadas da sentença ou acórdão exeqüendo, da certidão de interposição do recurso não dotado de efeito suspensivo, das procurações outorgadas pelas partes e, se for o caso, da decisão de habilitação. Além dessas peças obrigatórias, poderá o exeqüente juntar outras que considere necessárias, observando-se que, se houver necessidade de liqüidação de sentença, a carta deverá ser instruída com os documentos que deverão ser usados nesse mister.

O art. 899 da CLT assevera que a execução provisória poderia ser realizada até o momento da penhora, mas o CPC tem um tratamento um pouco mais aprimorado a esse respeito. E, nas sucessivas modificações que vem sofrendo nos últimos anos, tem sido relativizado esse preceito limitativo da completude dessa forma de execução. Assim, o inciso III do art. 475-O do CPC condiciona o levantamento de depósito em dinheiro e a prática de atos que importem alienação de propriedade ou dos quais possa resultar grave dano ao executado à prestação de caução suficiente e idônea, arbitrada de plano pelo juiz e prestada nos próprios autos. No entanto, o § 2º do mesmo artigo permite a dispensa da caução em alguns casos: a) quando, nos casos de crédito de natureza alimentar ou decorrente de ato ilícito, até o limite de sessenta vezes o valor do salário mínimo, o exeqüente demonstrar situação de necessidade; b) em execução provisória em que penda agravo de instrumento junto ao Supremo Tribunal Federal ou ao Superior Tribunal de Justiça (art. 544), salvo quando da dispensa possa manifestamente resultar risco de grave dano, de difícil ou incerta reparação.

Em que a CLT nada tratar da questão, temos que é apropriado o uso supletivo do CPC nesses aspectos particulares, visto que as alterações processadas visam, fundamentalmente, a assegurar formas de racionalização e efetivação da prestação jurisdicional, minimizando os efeitos das delongas processuais, o que se justifica sobremaneira em se tratando de processos trabalhistas.

9) Discorra sobre a teoria da desconsideração da personalidade autônoma da pessoa jurídica em face do vigente Código Civil brasileiro, traçando um paralelo com o Código Civil de 1916.

Compreender o novo Código Civil e suas inovações em relação ao Código Civil de 1916 requer também a compreensão dos momentos históricos em que se conformaram referidas leis e dos paradigmas que regiam as sociedades naqueles períodos, respectivamente, o início do século XX e o início do século XXI. Momentos históricos e pilares sociais absolutamente distintos determinaram e determinam princípios jurídicos diversos a sustentar a Codificação Civil, revelando normas de conduta também distintas.

Quando da edição do Código de 1916, a sociedade brasileira era predominantemente agrária e patriarcal, marcada ainda pelo liberalismo econômico, sendo compreendido que a segurança jurídica somente seria alcançada pela preservação da propriedade privada de forma absoluta, pela prevalência da autonomia da vontade individual e pela distinção total entre a personalidade da pessoa jurídica e de seus integrantes. A codificação então realizada, fiel aos pilares da sociedade da época, reconhecia, por exemplo, que "as pessoas jurídicas têm existência distinta da de seus membros" (art. 20, *caput,* do CC/1916), não comportando a personalidade autônoma nenhuma exceção. Com isso, todos os atos praticados pela pessoa jurídica não poderiam ser atribuídos aos seus sócios ou membros quando agissem nessa qualidade, ainda que a estivessem representando. Assim, o Código Civil de 1916 não continha nenhuma norma que contemplasse a possibilidade de desconsideração da personalidade da pessoa jurídica.

Já o novo Código Civil, a despeito do tempo que permaneceu no Congresso Nacional em gestação, foi elaborado para uma sociedade democrática, já predominantemente urbana e industrializada e que exige um ordenamento jurídico capaz de assegurar o pleno desenvolvimento social e a prevalência da ética nas relações jurídicas. Nessa esteira, os princípios da *socialidade* e da *eticidade* permeiam todo o Código Civil de 2002, surgindo daí, dentre outras coisas, a necessidade de se reformular a concepção acerca da autonomia da personalidade da pessoa jurídica.

A industrialização, o desenvolvimento do comércio, do setor de serviços e da sociedade de consumo predominantemente urbana demonstraram que a distinção entre a sociedade e seus integrantes, em vez de consagrar normas de justiça social, vinha servindo para a cobertura da prática de atos ilícitos e fraudulentos. Assim, foi preciso criar um instrumento jurídico hábil a impedir que os membros da pessoa jurídica se escudassem sob o véu societário — nesse sentido, a doutrina norte-americana criou a teoria da *disregard of legal entity*. Esse instrumento foi absorvido pelo ordenamento jurídico pátrio, primeiro pela jurisprudência de nossos tribunais que, a par da ausência de menção legal, passaram a adotá-lo no julgamento de casos concretos. Em seguida, no ano de 1990, o Código de Defesa do Consumidor (Lei n. 8.078/90) consagrou definitivamente a doutrina da desconsideração da personalidade, estabelecendo que:

> Art. 28, *caput*. O juiz poderá desconsiderar a personalidade jurídica da sociedade quando, em detrimento do consumidor, houver abuso de direito, excesso de poder, infração da lei, fato ou ato ilícito ou violação dos estatutos ou contrato social. A desconsideração também será efetivada quando houver falência, estado de insolvência, encerramento ou inatividade da pessoa jurídica provocados por má administração.

E, ainda, no § 5º do mesmo artigo:

> Também poderá ser desconsiderada a pessoa jurídica sempre que sua personalidade for, de alguma forma, obstáculo ao ressarcimento de prejuízos causados aos consumidores.

Seguindo a esteira da moderna legislação de proteção ao consumidor, o novo Código Civil estabeleceu regra inédita em relação ao Código Civil de 1916, reconhecendo, na norma de seu art. 50, a possibilidade de desconsideração da personalidade autônoma da pessoa jurídica.[28] Não se pode olvidar o avanço que tal regra representa em relação à codificação anterior; contudo, verifica-se que, em relação ao Código de Defesa do Consumidor, o novo Código Civil apresentou, simultaneamente, um retrocesso e um avanço.

Consideramos ter havido retrocesso porque o Código Civil somente admite a hipótese de desconsideração da personalidade jurídica no caso de *abuso da personalidade*, caracterizado pelo desvio de finalidade ou pela confusão patrimonial. A primeira hipótese aventada é caracterizada pela utilização da pessoa jurídica para a prática lesiva de objetivos distintos dos previstos em seus atos constitutivos. Já a segunda hipótese se configura quando se tornar impossível fixar limites entre o patrimônio da pessoa jurídica e o de seus integrantes. O problema disso resultante é que, da forma como exposto pelo Código Civil, pode-se considerar que o texto exige a demonstração da ocorrência precisa de uma das hipóteses ali arroladas, para admitir que se faça a desconsideração da personalidade autônoma. Note-se que o Código de Defesa do Consumidor é muito mais abrangente, não exigindo a caracterização do abuso da personalidade, uma vez que admite a hipótese de desconsideração e responsabilização dos sócios pelo *simples fato da insolvência da pessoa jurídica* ou de *encerramento ou inatividade*, causados por má administração e ainda, *sempre que a personalidade autônoma for um empecilho para o ressarcimento dos prejuízos causados pela pessoa jurídica e a responsabilização do sócios se tornar a única alternativa possível.*

Por sua vez, o avanço do Código Civil em relação ao Código de Defesa do Consumidor está em se permitir que a desconsideração da personalidade jurídica determine a responsabilização não apenas de seus membros, mas também de seus administradores, ainda que não sócios, nas estritas hipóteses antes avençadas. A propósito, a possibilidade de responsabilização dos sócios, que vinha prevista no § 1º do art. 28 do CDC, foi vetada, não subsistindo o texto legal que a reconhecia.

Conclui-se, assim, que a personalidade jurídica — enquanto criação normativa para assegurar aos entes ideais o direito de atua-

(28) "Art. 50. Em caso de abuso de personalidade jurídica, caracterizado pelo desvio de finalidade, ou pela confusão patrimonial, pode o juiz decidir, a requerimento da parte, ou do Ministério Público, quando lhe couber intervir no processo, que os efeitos de certas e determinadas obrigações sejam estendidos aos bens particulares dos administradores ou sócios da pessoa jurídica."

rem livremente, como se fossem dotados de vontade autônoma e própria — não pode servir de escudo para a prática de fraudes e atos ilícitos que lesem direitos de terceiros. Desconsiderando a personalidade da pessoa jurídica, levantando-se o véu societário, responsabilizam-se os integrantes desta e também os seus administradores, em circunstância muito mais justa e adequada aos postulados contemporâneos de relações sociais republicanas e democráticas.

10) No que tange à anulação dos negócios jurídicos em razão de declarações de vontade emanadas de erro, a escusabilidade é um critério para sua aferição? Justifique.

A declaração válida de vontade é um dos pressupostos essenciais do negócio jurídico. Nesse sentido, a vontade emanada de vício de consentimento (erro, dolo ou coação) acaba por constituir um negócio jurídico defeituoso, no qual se verifica um desequilíbrio na atuação da vontade relativamente à sua declaração, autorizando judicialmente sua anulação.

O erro, também denominado ignorância, é o mais elementar dos vícios de consentimento e ocorre quando o agente, por desconhecimento ou falsa percepção da realidade, declara sua vontade de modo diverso do que declararia se conhecesse as reais circunstâncias envolventes do negócio jurídico. Há, assim, na base do negócio jurídico, um estado psíquico decorrente da ignorância ou falsa percepção sobre a realidade, determinante de uma declaração de vontade diversa do real querer do agente caso este tivesse conhecimento dos verdadeiros pressupostos de fato do negócio jurídico.

Contudo, para que o negócio jurídico seja anulável, o erro há de ser, em primeiro lugar, a sua causa determinante e, em segundo, deve alcançar a declaração de vontade em sua substância e não apenas em aspectos circunstanciais ou acidentais. Assim, o erro determinante da anulação do negócio jurídico há de ser substancial (definido pelo art. 139 do CC/2002),[(29)] não viciando o negócio jurídico o erro meramente acidental.

(29) "Art. 139. O erro é substancial quando: I — interessa à natureza do negócio, ao objeto principal da declaração, ou a alguma das qualidades a ele essenciais; II — concerne à identidade ou à qualidade essencial da pessoa a quem se refira a declaração de vontade, desde que tenha influído nesta de modo relevante; III — sendo de direito e não implicando recusa à aplicação da lei, se for o motivo único ou principal do negócio jurídico."

Além de substancial, o erro também deve ser real, ou seja, o negócio jurídico emando de erro deve acarretar ao sujeito danos concretos, pois o ordenamento jurídico não poderia admitir a anulação de um negócio jurídico que, não obstante revelar-se defeituoso, nenhum prejuízo acarreta ao agente.

O legislador civil, adotando entedimento doutrinário e jurisprudencial majoritário, elegeu a *escusabilidade* ou esculpabilidade também como um elemento essencial para a aferição do erro determinante da anulação do negócio jurídico. Assim, além de substancial, o erro deve ser escusável, o que significa que somente será passível de anulação o negócio jurídico emanado de erro, quando o agente procede com as cautelas de praxe incidindo em erro que qualquer pessoa de diligência normal poderia também incidir. Se o erro, ao contrário, resultou da desídia ou da negligência do agente, que agiu de maneira indevida, ou sem observância das cautelas normais, o negócio jurídico não comportará anulação, arcando o agente com os riscos e ônus decorrentes de sua culpa. Observe-se, entretanto, que a escusabilidade deve ser aferida em concreto, considerando as ciscunstâncias em que o negócio jurídico foi celebrado, como se se extrai do art. 138 do CC/2002).[30]

(30) "Art. 138. São anuláveis os negócios jurídicos, quando as declarações de vontade emanarem de erro substancial que poderia ser percebido por pessoa de diligência normal, em face das circunstâncias do negócio."

DIREITO CONSTITUCIONAL

11) Os direitos sociais podem ser concebidos como cláusulas pétreas? Justifique.

Em todo o mundo, após os horrores vivenciados durante a Segunda Guerra, consolidou-se no pensamento jurídico-político uma perspectiva de valorização que se convencionou chamar de direitos fundamentais, marcada pela internacionalização dos direitos humanos e pela humanização do Direito Internacional, que emerge como verdadeiro Direito Internacional dos Direitos Humanos. Como natural decorrência, a própria conformação do Direito Constitucional no mundo ocidental emerge com uma feição axiológica, que se distancia gradualmente do dogmatismo formal que marcou o constitucionalismo originário, que foi estabelecido com a idéia de submeter o poder político ao Direito, de limitar as suas funções, de garantir a liberdade dos cidadãos contra as invasões do Estado, de proceder à separação dos Poderes para desse modo melhor controlá-lo. Essa era a concepção que seria típica do Estado Liberal burguês, preconizador da redução do Estado às tarefas de garantia da liberdade e da segurança, na separação entre Estado e sociedade, na administração dedicada às tarefas de ordem pública e de polícia, na economia entregue à auto-regulação do mercado.

Somente no início do século XX, com a Constituição de Weimer e a mexicana, é que viemos a ter normas e princípios orientadores da ação estatal, de programas de ação e políticas públicas, deixando o Estado de ser o único elemento referencial da Constituição, que incorpora agora também a economia e a sociedade. Por isso é que a internacionalização dos direitos humanos atingiu de forma intensa os referenciais evolutivos do constitucionalismo no Ocidente. Todo o contexto constitucional mais recente, estabelecido no pós-guerra, sofreu impacto direto desses instrumentos internacionais de proteção dos direitos humanos, e nem poderia deixar de ser de outra forma. Afinal, não se concebe a compreensão de um constitucionalismo contemporâneo que não leve em conta essas diretrizes alcançadas a um elevado custo humanitário.

Não foi diferente o que aconteceu com o constitucionalismo brasileiro. Sua história registra uma instabilidade singular, porquanto em 185 anos de conformação do Estado independente, tivemos sete Constituições, além de uma Emenda Constitucional que assumiu essas funções.(31) A própria Carta de 1988, em menos vinte anos, já recebeu mais de cinqüenta Emendas, denotando, com isso, um processo mutante e dinâmico em nosso direito constitucional. Se, de um lado, essa instabilidade produz revezes estruturais, de outro permitiu uma influência profunda do processo de internacionalização dos direitos humanos, tanto no texto original da Constituição, como também em algumas das emendas subseqüentes.(32) Por certo, o momento histórico da elaboração da Constituição de 1988 foi fundamental para a formação desse quadro, pois resultou diretamente do ocaso de uma ditadura militar, no qual as liberdades individuais e coletivas, por mais de vinte anos tolhidas, viram uma inafastável oportunidade de ter o seu reconhecimento constitucional restaurado.

Há, com isso, um curioso paradoxo na história constitucional brasileira: a sua instabilidade tem permitido que haja uma conjugação dos preceitos de humanização do Direito Internacional com as diretrizes estabelecidas na Constituição vigente de forma mais imediata, sem o necessário processo evolutivo gradual. Sob esse prisma, é realmente espantoso que, em menos de 200 anos como Estado independente, o Brasil tenha uma Carta Constitucional que agrega valores dos mais importantes em matéria de direitos humanos — coisas que Estados muito mais antigos ainda não têm, e outros que os possuem levaram muito mais tempo para obter.

---

(31) Emenda Constitucional n. 1, de 1969.

(32) Nesse sentido, vemos clara a valorização a esses preceitos fundantes e informadores, narrados por Canotilho, desde o preâmbulo constitucional, passando pelo art. 1º da Carta, e pela inserção do Título relativo aos "Direitos e Garantias Fundamentais" logo no início do texto. Por seu turno, temos no conteúdo do art. 5º a expressão do que existe de mais substancial em termos de direitos fundamentais, imediatamente seguido dos Direitos Sociais consagrados no Capítulo II do mesmo Título. A influência no Poder Constituinte derivado ainda se revela, por exemplo, com a inserção dos §§ 3º e 4º ao art. 5º feita pela Emenda n. 45/04, este último tratando do reconhecimento brasileiro da jurisdição de Tribunal Penal Internacional.

Esse fenômeno se revela mais intenso quando examinamos a dinâmica dos direitos sociais no Brasil. A Constituição brasileira os consagrou entre os arts. 6º e 11, arrolando, no art. 7º, os elementares direitos de todos os trabalhadores urbanos e rurais, inclusive domésticos (parágrafo único) e avulsos (XXXIV). Sua qualificação como direitos humanos é inconteste, inserindo-se naquela classificação que os nomina como sendo de segunda geração, junto com os direitos econômicos e culturais.[33] Segundo essa classificação, os direitos de segunda geração só podem ser satisfeitos se forem impostos aos terceiros, sobretudo aos poderes públicos, pois representam as *possibilidades de exercício das chamadas liberdades positivas, reais ou concretas*. Com essa geração de direitos humanos, temos a modificação do papel do Estado que, na geração anterior, se dimensionava apenas pela negação ou abstenção de comportamento tendente a tolher as liberdades clássicas. A partir de então, exige-se-lhe um vigoroso papel ativo, na condição de responsável efetivo pela consecução das prestações inerentes a esses direitos.

Assim é que o reconhecimento dos direitos sociais como direitos humanos é fruto das lutas sociais na Europa e nas Américas, que resultaram no aparecimento de diretrizes de positivação na Constituição mexicana de 1917, na Constituição de Weimar, em 1919, e no Tratado de Versalhes de 1919, que criou a Organização Internacional do Trabalho. Nessa ocasião, o Brasil mal havia ingressado em seu tardio processo de industrialização, o que só se consumou após a crise de 1929 e a decadência do baronato cafeeiro. Além do mais, a despeito das sucessivas disposições legais tendentes à redução do trabalho escravo, o seu banimento da ordem jurídica brasileira somente se deu em 1888. Mesmo sendo degradante sabermos que nosso país foi o último do Ocidente a abolir o regime escravista, isso nos revela uma outra dimensão da questão — em exatos cem anos saímos da exploração do trabalho escravo para o reconhecimento constitucional dos direitos sociais. Com olhos de evolução histórica, esse foi um salto fenomenal que, como dissemos, muitas outras nações com história constitucional mais estável não puderam alcançar.

---

(33) Aqui, não nos renderemos à polêmica incidente sobre esse critério classificatório, dada a dimensão e os objetivos do trabalho. Apenas registramos sua ocorrência, mas, sem juízo valorativo, fixamos o conceito, já que constitui a forma mais conhecida com que se trata do tema.

O certo é que a Constituição brasileira não somente deu eficácia ao reconhecimento dos direitos sociais de segunda geração, consolidando os preceitos estabelecidos na Declaração de Filadélfia e no Pacto Internacional dos Direitos Econômicos, Sociais e Culturais,[(34)] como os inseriu em um contexto sistemático que permite que se lhes interprete como sendo detentores de imodificabilidade derivada. Ora, a Constituição de 1988 arrolou os direitos e garantias fundamentais em seu Título II, dividindo-os em capítulos, nominados "direitos e deveres individuais e coletivos"; "direitos sociais"; "direitos da nacionalidade"; "direitos políticos e partidos políticos". Outrossim, se os chamados "direitos sociais" compreendem o direito ao trabalho, os direitos do trabalhador assalariado, o direito à seguridade social e à educação, só podemos concluir que esses direitos sociais aí inseridos constituem o que se intitula de cláusulas pétreas intransacionáveis, com exceção dos constantes dos incisos VI, XIII e XIV do art. 7º da Constituição vigente, que cedem diante da negociação coletiva.

Note-se que a Carta de 1988 estabeleceu um corte metodológico ao tratar dos direitos sociais, pois "tratou separadamente a ordem econômica e os direitos sociais, versando sobre estes nos Títulos II e VIII e sobre aquela no Título VII. Rompeu, assim, a tradição constitucional brasileira, que, desde 1934, vinha elencando os direitos individuais e coletivos do trabalho e a previdência social juntamente com a disciplinação da ordem econômica".[(35)] Isso não foi ocasional, mas constituiu um marco definidor da relevância assumida pelos direitos sociais no contexto da Constituição de 1988. Ao relacioná-los com os demais direitos fundamentais, ao lado das garantias individuais, resgatou a idéia unitária dos direitos humanos que, apesar de metodologicamente seccionados para fins de análise geracional, são derivados dos mesmos fundamentos epistemológicos.[(36)]

---

(34) A Declaração de Filadélfia é de 1944, e o Pacto... de 1966, sendo ratificado pelo Brasil apenas em 1992.

(35) Cf. Arnaldo Süssekind, *Direito constitucional do trabalho.* Rio de Janeiro: Renovar, 1999. p. 15.

(36) O Min. Süssekind manifesta sua contrariedade com esse critério metodológico, por entender que os direitos sociais-trabalhistas possuem entrelaçamento natural com a ordem econômica, e "devem seguir a diretriz segundo a qual a finalidade do desenvolvimento econômico há de ser o processo social". Mas aqui registramos nossa respeitosa divergência com esse doutrinador, visto que, como sustentamos no texto, a função metodológica dessa separação é justamente a de assegurar prioridade aos direitos sociais, o que se reforça pelo postulado da *função social da propriedade*, consagrada no art. 5º, XXIII, da CF.

Logo, não há justificativa ontológica para que se faça uma distinção entre direitos individuais e direitos sociais, com vistas à preservação de sua imutabilidade, pois os direitos fundamentais não devem ser apreendidos separada ou localizadamente, como se estivessem, todos, encartados no art. 5º da CF.

Assim, temos que os direitos sociais brasileiros encontram-se preservados pelo dogma da imutabilidade constitucional, mesmo porque estão eles vinculados à dignidade humana. Consumando os fundamentos de sua fundação, a OIT fez aprovar, em 18 de maio de 1998, a Declaração sobre os Princípios e Direitos Fundamentais no Trabalho no Direito Internacional Público, como derivados dos princípios contidos na própria Constituição da OIT e na Declaração de Filadélfia. Em seu art. 2º, são classificados como direitos sociais fundamentais: a liberdade sindical e o direito efetivo de negociação coletiva; a eliminação de todas as formas de trabalho forçado ou obrigatório; a abolição radical do trabalho infantil; a eliminação das discriminações em matéria de emprego e ocupação.

Essa diretriz consolida o entendimento que ora defendemos, pois, como membro da OIT, o Brasil está vinculado aos preceitos dessa Declaração, independentemente de sua ratificação, mesmo porque, como exposto, está em perfeita consonância com os princípios fundamentais da própria OIT.

12) Considerando o regime jurídico dos servidores públicos civis, estabeleça a distinção entre reintegração, readmissão e reversão.

A Constituição de 1988, em sua redação original, preconizava a necessidade de ser estabelecido um regime jurídico único para os servidores públicos civis em cada esfera federativa, como forma de eliminar a disparidade existente, que permitia uma multiplicidade de sistemas e regimes jurídicos de trabalhadores estatais. No entanto, a Emenda Constitucional n. 19, de 1998, extirpou tal exigência ao modificar a redação do art. 39 da CF/88, que assim previa. Com isso, desde então, voltam os entes federativos a ter a possibilidade de contratação por regimes diferenciados, inclusive pelo regime da CLT. Com isso, a configuração assumida pela Constituição permite classificarmos os servidores públicos em duas grandes espécies: *Servidores Públicos de Natureza Legal* e *Servidores Públicos de Natureza Contratual*.

Na primeira categoria, são classificados os *servidores civis* da Administração Direta, das Autarquias e das Fundações Públicas (no caso da União, regidos por estatuto, criado pela Lei n. 8.112/90); e *servidores públicos militares*, com regime estatutário próprio (integrantes das Forças Armadas e das Polícias Militares, inclusive bombeiros militares). Na segunda, temos os trabalhadores contratados por tempo determinado (art. 37, IX, da CF/88) e os *empregados públicos*, contratados pela Consolidação das Leis do Trabalho, tanto pela Administração Direta como pelas Paraestatais, que seguem sempre o regime trabalhista (art. 173, § 1º, II, da CF/88).

O foco da questão proposta inevitavelmente nos leva a considerar o regime estatutário que, a rigor, é aquele que deveria sempre ser observado, por trazer consigo princípios próprios do direito administrativo. Nesse sentido, a indagação pede que sejam diferenciados três institutos típicos do Direito Administrativo, e que representam formas de *provimento derivado de cargos públicos*: a reintegração, a readmissão e a reversão.

É conveniente pontuarmos que o chamado *provimento originário* representa a primeira investidura do servidor público no cargo ou função respectivos, o que, pelo regime constitucional vigente, somente se faz por concurso público — salvo nos casos de cargos em comissão criados e disciplinados por lei. Já o *provimento derivado* é aquele que pressupõe a existência de um vínculo anterior do servidor com a Administração, e pode se dar por meio de *transferência* (com *permuta* entre servidores ou *readaptação*); *promoção ou acesso*; ou por *reingresso*. E justamente nesse último grupo é que se encontram as modalidades exigidas, representando, assim, de forma genérica, situações em que o ex-servidor, por razões diversas, retorna ao serviço público no cargo ou função antes ocupada. A distinção entre essas motivações é que diferencia, conceitualmente, as espécies indagadas.

Dessa forma, a *reintegração* ocorre nos casos em que houve desligamento (demissão) tido como ilegal, por decisão judicial ou administrativa: o próprio interessado toma a iniciativa de questionar o ato que representou sua demissão e, tendo sucesso, terá o direito de reassumir o cargo ou função, nas mesmas condições da época de seu desligamento, acrescido das vantagens inerentes a esse cargo ou função, como se estivesse trabalhando. Além disso, como o afastamento do trabalho se deu por ato ilegal, o servidor reintegrado tem o direito de receber a remuneração de todo o período, a título de indenização.

Diferentemente desse caso, a *readmissão* ocorre quando o servidor foi exonerado, a pedido ou não, mas a Administração Pública reconhece o seu interesse em tê-lo novamente em seus quadros. Nesse caso, o servidor volta a ocupar o antigo posto, mas não faz jus às vantagens ou à remuneração do período de afastamento. Trata-se de ato tipicamente discricionário, e somente pode ocorrer em situações expressamente admitidas em lei.

Por fim, a *reversão* ocorre sempre a partir de um desligamento por aposentadoria, e pode ocorrer por vontade própria do servidor ou por ato da Administração. Essa última hipótese se dá por aposentadoria ilegalmente obtida — como as que ocorrem por contagem errada de tempo de serviço ou falsidade de documentos, p. ex. —

ou em casos de aposentadoria por invalidez, quando cessada a incapacidade que a ocasionou. Em qualquer situação, o servidor aposentado tem sua situação revertida, para retomar o cargo ou função antes ocupada. Obviamente a reversão não se aplica a casos de aposentadoria compulsória, e aqui também temos que os direitos funcionais e pecuniários somente incidem a partir do ato de reversão, não havendo pagamentos retroativos, como ocorre na reintegração.

13) Discorra sobre o princípio administrativo da eficiência e as suas características básicas, em especial quanto ao direcionamento da atividade e dos serviços públicos e a eficácia material e formal da administração.

A Emenda Constitucional n. 19/98, na esteira de algumas legislações estrangeiras, inseriu na Constituição de 1988 a determinação no sentido de que a Administração Pública direta, indireta ou fundacional, de qualquer dos Poderes da União, dos Estados, do Distrito Federal e dos Municípios, deverá obedecer, além dos tradicionais princípios de legalidade, impessoalidade, moralidade e publicidade, também ao princípio de *eficiência administrativa*. A seu respeito, podemos afirmar que se trata da reiteração da impessoalidade e da moralidade públicas, agora traduzidas sobre mecanismos concretos de persecução dos objetivos dos órgãos públicos. Vale dizer, realizar o bem comum, por meio do exercício de suas competências de forma imparcial, transparente, eficaz, em tempo hábil, a baixo custo, maximizando os recursos humanos e pecuniários da Administração Pública.

Uma das características fundamentais das atividades capitalistas é a eficiência, justamente porque a finalidade delas é a obtenção e maximização do lucro. Bem por isso, a transposição desse conceito para a Administração Pública é um tanto quanto difícil, já que pressuposto desta é antagônico aos objetivos econômicos da atividade privada. Com isso, temos que a eficiência não é um conceito jurídico, mas sim um conceito econômico, que se presta a qualificar as atividades típicas do Estado. Dessa maneira, sob esse novo enfoque constitucional, as atividades das Administração não devem ser pautadas apenas por pura e simples realização das atribuições que lhe são inerentes, mas essa realização deve ser feita segundo os paradigmas de eficiência, de racionalidade, visando à obtenção de melhor resultado com o menor custo.

Pelo princípio da eficiência, o aparelho estatal deverá se revelar apto a gerar mais benefícios, na forma de prestação de serviços à sociedade, com os recursos disponíveis, enfatizando a qualidade e o desempenho dos serviços públicos, mas sempre de forma a empenhar o mínimo necessário de recursos. Por isso, podemos dizer também que a eficiência administrativa consiste na "organização racional dos meios e recursos humanos, materiais e institucionais para a prestação de serviços públicos de qualidade em condições econômicas de igualdade dos consumidores".(37)

O princípio em questão compõe-se das seguintes características básicas: direcionamento da atividade e dos serviços públicos à efetividade do bem comum, imparcialidade, transparência, desburocratização, eficácia e busca de qualidade. A atividade e os serviços públicos devem estar direcionados à efetividade do bem comum, concretizando no plano real um dos objetivos da República, insculpido na norma do art. 3º, IV, da Constituição — promover o bem de todos, sem preconceitos de origem, raça, sexo, cor, idade ou quaisquer outras formas de discriminação. Da mesma maneira, vemos inseridos na Constituição alguns dispositivos destinados a promover o cumprimento desse princípio, mediante a garantia de participação do usuário na Administração Pública e a possibilidade de ampliação da autonomia gerencial das entidades públicas.

Contudo, o direcionamento das atividades administrativas em busca do bem comum não é suficiente por si. O princípio da eficiência exige a eficácia material da administração pública, traduzida no cumprimento e execução dos objetivos que lhe são próprios. Quanto à eficácia formal, pode-se dizer que deverá ser verificada nos procedimentos administrativos, competindo ao ente público responder aos questionamentos dos administrados.

A busca da eficácia material das políticas públicas, o espraiamento do princípio da finalidade através de critérios de razoabilidade de ação administrativa para mitigar a eficiência formal, sem descurar-se da imparcialidade e da neutralidade devem marcar a ação estatal. Ademais, a maleabilidade administrativa que se traduz de tal princípio impõe a busca da transparência das suas ações, desburocratização e aumento da participação da população, para legitimar as ações administrativas.

(37) Cf. José Afonso da Silva. *Curso de direito constitucional positivo.* 19. ed. São Paulo: Malheiros, 2001. p. 656.

DIREITO PROCESSUAL CIVIL

14) Quais as distinções essenciais entre a Súmula Vinculante e a Súmula Impeditiva de Recursos?

Os dois institutos, embora de características similares, têm consigo uma distinção fundamental, que afeta sobretudo a sua natureza: enquanto a Súmula Impeditiva de Recursos configura um pressuposto recursal negativo, a outra figura tem eficácia de verdadeira fonte formal de direito. A inserção da Súmula Vinculante no mundo jurídico brasileiro se deu a partir da Emenda Constitucional n. 45/04, que acrescentou à Constituição Federal o art. 103-A. Por tal dispositivo, o STF poderá, de ofício ou por provocação das autoridades e órgãos descritos no art. 3º da Lei n. 11.417/06, aprovar *súmula de efeito vinculante* em relação aos demais órgãos do Poder Judiciário e à Administração Pública direta e indireta.

Para isso, no entanto, devem ser observados alguns requisitos formais, descritos tanto no texto constitucional como na citada lei que regulamentou o instituto. Por primeiro, a *matéria* sobre a qual a Súmula Vinculante poderá incidir é aquela traçada no § 1º do art. 103-A da Constituição, ou seja, a validade, a interpretação e a eficácia de normas determinadas, acerca das quais haja controvérsia atual entre órgãos judiciários ou entre esses e a Administração Pública que acarrete grave insegurança jurídica e relevante multiplicação de processos sobre questão idêntica. De outra parte, o texto constitucional somente admite a edição de Súmula Vinculante após *reiteradas decisões* sobre matéria constitucional, tendo como suporte alguma das matérias já descritas, e a sua aprovação somente poderá ocorrer mediante decisão de dois terços dos seus membros, em sessão plenária.

A finalidade da Súmula Vinculante, na esteira do que constitui a chamada Reforma do Judiciário, aperfeiçoada pela EC n. 45/04, é a redução do tempo de duração dos processos e a diminuição da própria quantidade de processos em trâmite no Judiciário, mormente perante o STF. Portanto, ao decidir genericamente sobre tema de natureza constitucional, que acarrete, nos dizeres da norma, *grave insegurança jurídica* e *relevante multiplicação de processos* em razão de interpretação divergente, o Supremo limita o fluxo desses processos em grau recursal ou mesmo impede que eles venham a ser ajuizados, porquanto a estipulação constitucional constrange a própria Administração Pública ao seu cumprimento. Como é de corrente conhecimento, os órgãos públicos são os maiores usuários do sistema judicial brasileiro, e no mais das vezes controvertendo questões repetidas e já decididas reiteradamente pelos Tribunais. Com os efeitos da Súmula Vinculante, temos que a tendência deve ser a redução das demandas judiciais dessa natureza, daí por que assinalamos que sua característica é de verdadeira fonte formal de direito. Afinal, tradicionalmente, a jurisprudência, mesmo a consolidada pelos tribunais, era classificada como mera fonte auxiliar ou subsidiária do direito, visto que, no modelo romano-germânico vigente no Brasil, ela não tinha caráter vinculativo. Prestava-se, assim, como orientação aos julgadores de instâncias inferiores sobre a linha de interpretação adotada pelos tribunais, não condicionando seu julgamento nem mesmo pautando compulsoriamente a conduta de qualquer cidadão ou instituição, pública ou privada. A eficácia mais objetiva das súmulas era a limitação recursal que ensejava, mas somente após exauridas as instâncias ordinárias.(38)

Com a conformação dada a essa espécie determinada de súmula, chamada Vinculante, o efeito é distinto. Tanto os julgadores de instâncias inferiores como os órgãos da Administração Pública, desde a publicação da Súmula, devem decidir os casos concretos sob sua apreciação de forma consonante com ela, sem o que o ato — judicial ou administrativo — estará fadado à cassação, com determinação de prolação de novo ato ou decisão de maneira ajustada à decisão plenária do STF. É o que reza o § 3º do art. 103-A da Constituição, que admite, para esse tipo de decisão, a *reclamação ao STF*, no qual haverá a prolação do julgamento nos termos enunciados. Logo, tanto os magistrados de todas as instâncias como a

(38) Aqui nos referimos aos Recursos Especial e Extraordinário, cuja admissibilidade está condicionada, dentre outras limitadas hipóteses, à existência de decisão contrária à súmula; em sentido contrário, há registro expresso de seu descabimento em face de decisões sobre matérias sumuladas.

Administração Pública, obrigatoriamente, deverão proferir seus atos de maneira conforme às Súmulas Vinculantes, eis que, se não o fizerem, ensejarão reclamações que poderão acarretar a revogação do decidido, além da determinação de nova decisão.

Já a chamada Súmula Impeditiva de Recursos tem outra natureza. Na realidade, diferentemente do que ocorreu com a Súmula Vinculante, não houve criação de nova figura jurisprudencial: a Lei n. 11.276/06 reformulou o texto do § 1º do art. 518 do CPC, emprestando às súmulas do STJ e do STF um efeito até então não existente, ou seja, o de limitar o próprio recurso de apelação. Assim, reitere-se, não se criou nova figura, a par da denominação que se tem utilizado; tão-somente deu às súmulas — atuais e futuras — a eficácia de conformar um pressuposto recursal negativo para a apelação.

Nisso, vemos a transposição para a apelação do conceito já existente em matéria de recursos extraordinários, ou seja, a vedação de seu cabimento quando a decisão atacada estiver em consonância com súmula do STJ ou do STF. Aqui, diversamente das Súmulas Vinculantes, nada obriga o julgador a decidir conforme as súmulas desses tribunais; no entanto, se ele assim proceder, obstará o direito à apelação, nos termos do § 1º do art. 518, já que essa modalidade recursal passou a ter como pressuposto a inexistência de decisão conforme súmula dos tribunais referidos.

Por certo que essa disposição conferirá maior relevância às matérias sumuladas pelos tribunais, mas ao mesmo tempo exige que se tenha maior acuidade na sua estipulação. Afinal, a restrição ao direito ao duplo grau jurisdicional, se é justificada pela busca de um processo mais célere e mais efetivo, também preservando um preceito fundamental da Constituição (art. 5º, LXXVIII), não pode ser banalizada a ponto de permitir-se a sumulação de quaisquer temas, que não tenham a suficiente relevância e que não tenham sido objeto de reiteradas e repetidas apreciações jurisprudenciais pelas Cortes Superiores.

15) Discorra sobre o instituto da Repercussão Geral para o Recurso Extraordinário.

A Lei n. 11.418, de 19.12.06, acrescentou ao Código de Processo Civil os arts. 543-A e 543-B e seus respectivos parágrafos, instituindo um pressuposto recursal intrínseco para os Recursos

Extraordinários, chamado de Repercussão Geral. Tal medida se insere no contexto da Reforma Processual, que tem dentre suas finalidades a redução do fluxo das demandas judiciais, o que motivou a criação de obstáculos à utilização recursal desmedida, e vem a regulamentar o disposto no § 3º do art. 102 da Constituição, inserido pela Emenda Constitucional n. 45/04.(39) A figura, outrossim, estipula um mecanismo de qualificação da atuação do Supremo Tribunal Federal que, em que pese tenha adquirido *status* de Corte Constitucional com a Carta de 1988, ainda recebe um grande número de recursos, na maioria das vezes versando sobre questões de menor relevância.

Na vigência da ordem constitucional anterior, havia instituto similar (argüição de relevância), mas o tratamento ora dado é muito mais consentâneo com as finalidades almejadas pelo texto constitucional. Isso porque o conceito de Repercussão Geral trazido pela norma em exame é a *existência ou não de questões relevantes do ponto de vista econômico, político, social ou jurídico, que ultrapassem os interesses subjetivos da causa* (art. 543-A, § 1º, do CPC) e ainda sempre que *o recurso impugnar decisão contrária a súmula ou jurisprudência dominante do Tribunal* (§ 3º). Dito de outra forma, a Repercussão Geral delimita as demandas sujeitas à apreciação do STF pela via do Recurso Extraordinário, sem retirar sua função de preservação da interpretação do texto constitucional, mas permitindo uma seleção temática prévia do que será objeto de apreciação pelo Supremo, a partir do critério de sua relevância econômica, política, jurídica ou social, e que possam atingir os interesses gerais da sociedade, não afetando apenas os litigantes.

Com isso, temos claramente que o propósito da alteração legislativa é firmar o papel do STF como Corte Constitucional e não apenas como mais uma instância recursal, estipulando que o STF só analise questões relevantes para a ordem constitucional, cuja solução ultrapasse o interesse subjetivo das partes. Demais disso, o procedimento estabelecido, e os efeitos processuais sobre os recursos similares permitirão que o STF decida uma única vez cada questão constitucional relevante, não tendo de se pronunciar em outros processos com idêntica matéria.

---

(39) "§ 3º No recurso extraordinário o recorrente deverá demonstrar a repercussão geral das questões constitucionais discutidas no caso, nos termos da lei, a fim de que o Tribunal examine a admissão do recurso, somente podendo recusá-lo pela manifestação de dois terços de seus membros."

Como toda medida de restrição de uso dos institutos processuais, há uma certa tendência crítica à Repercussão Geral, o que, a nosso ver, não se justifica. Não há novidade alguma em se afirmar que o volume de ações que chegam ao STF é absurdamente excessivo e, no mais das vezes, como já dissemos, versando sobre temas de menor ou quase nenhuma relevância. O que se pretende com a figura ora relatada é qualificar o trabalho da Corte Constitucional, restringindo à sua apreciação apenas os temas que se mostrarem capazes de resultar em algum tipo de repercussão ampla à sociedade, independentemente do âmbito subjetivo do litígio em si.

A partir dessa conformação, foi adicionado ao recurso extraordinário mais um *pressuposto* de sua admissibilidade, porquanto o legislador deixou claro que o Tribunal deverá examinar previamente a admissão do recurso, pois a controvérsia recursal só será apreciada se o tema tiver a Repercussão Geral. Como isso, resta patente que o recorrente deve, em suas razões de recurso, demonstrar a repercussão geral da questão ali abordada, para permitir o processamento de seu apelo (art. 543-A, § 2º, do CPC).

A Repercussão Geral passou a ser exigida nos recursos a partir da sua regulamentação pelo Regimento Interno do Supremo Tribunal Federal (arts. 322-A e 328), na esteira da remissão feita pela Lei n. 11.418/06, e isso foi feito por meio da Emenda Regimental n. 21/07, vigente desde 3.5.07.[40] Nesse sentido, desde essa data, cabe ao recorrente, em sede preliminar de seu Recurso Extraordinário, apontar a ocorrência da Repercussão Geral, sem o que o apelo estará fadado à não-admissibilidade (art. 327, do Regimento Interno do STF), além da já anteriormente exigida justificativa de cabimento do próprio recurso.

Para produzir um dos principais efeitos almejados pela alteração legislativa, o art. 543-A, § 5º, do CPC estabelece que, uma vez negada a existência da repercussão geral, essa decisão valerá para todos os recursos sobre matéria idêntica, que serão indeferidos liminarmente, salvo se houve revisão da tese, como disciplina o Regimento Interno do Supremo Tribunal Federal.

---

(40) Justamente por isso é que a Repercussão Geral não constitui requisito para os recursos interpostos antes dessa data, os quais continuarão a ser apreciados da mesma maneira anterior.

Também para essa mesma finalidade, a Lei n. 11.418/06 estabelece a possibilidade da identificação da multiplicidade de recursos sobre a mesma matéria, para conferir-lhes solução comum. Assim, os Ministros do STF, identificando essa multiplicidade, submetem um único recurso extraordinário de cada matéria à análise da repercussão geral, devolvendo os demais aos Tribunais ou Turmas Recursais de origem, os quais ficarão suspensos até a apreciação da repercussão geral. Se for negada a repercussão sobre a matéria, os recursos múltiplos são automaticamente considerados não-admitidos, sem necessidade de apreciação específica. Em sentido diverso, se for reconhecida a repercussão, o próprio Ministro Relator propõe o julgamento do mérito do feito sob sua apreciação, o que já irá dimensionar o resultado de fundo da questão.

Nesse mesmo sentido, a regra permite aos Tribunais e Turmas Recursais de Origem que façam uma seleção, dentre os Recursos Extraordinários, para verificar se se trata de matéria isolada ou de processos múltiplos. No primeiro caso, realizam diretamente o juízo de admissibilidade, exigindo, além dos demais requisitos, também a presença de preliminar de repercussão geral, sob pena de não-admissão. Já no caso de processos múltiplos, devem ser selecionados três processos representativos da controvérsia, que preencham os requisitos para sua admissibilidade, inclusive com preliminar de repercussão geral, e os remeter ao STF, sobrestando os demais recursos, mesmo os que forem interpostos posteriormente. Após a decisão do STF sobre a Repercussão Geral, os recursos serão automaticamente não admitidos, se ela não for reconhecida; no caso de seu reconhecimento, aguarda-se a decisão de mérito ou, dependendo do caso, o apelo é remetido ao STF.

Com essas medidas, como já fora explicitado, tem-se a possibilidade de concentração temática na apreciação dos apelos dirigidos ao STF, reduzindo-se drasticamente o volume de tramitação de feitos perante aquela Corte, o que deve constituir medida de maior racionalidade na prestação jurisdicional.

Produção Gráfica e Editoração Eletrônica: **LINOTEC**
Capa: **ELIANA C. COSTA**
Impressão: **COMETA GRÁFICA E EDITORA**